Cyfres Sut i Greu

SUT I GREU CYWYDD

Donald Evans

Cyhoeddiadau Barddas
2011

Argraffiad cyntaf: 2011

ISBN 978-1-906396-36-7

Cyhoeddwyd gyda chymorth ariannol
Cyngor Llyfrau Cymru.

Cyhoeddwyd gan Gyhoeddiadau Barddas
Argraffwyd gan Wasg Dinefwr, Llandybïe

I Ddyfodol y Cywydd

Cynnwys

Cyflwyniad

CEFNDIR Y CYWYDD

I DROSGLWYDDO CYFARWYDDYD neu arweiniad ynghylch unrhyw faes penodol o ddysg, gellir dal ei bod yn dra manteisiol i gychwyn gyda braslun o gefndir y pwnc hwnnw, er mwyn ychwanegu at ddiddordeb a sylwedd yr astudiaeth, ynghyd â'i chyfannu mor sbardunol â phosibl. Ac yn wir, y mae hanes tarddiad cefndirol mesur y cywydd, neu'r cywydd deuair hirion i roi ei enw llawn iddo, yn stori o rin chwilfrydig ac o gelfyddyd atyniadol, teip o ragymadrodd sy'n gweithredu'r pwrpas uchod i'r dim, gan y ceir drwyddo weledïad cryno ar gnewyllyn bywyd a thwf cymhellgar y cyfrwng.

Felly, mae'n ofynnol dechrau yn ei wreiddyn yn deg. Mae'r gair 'arbrofi' yn derm cyfarwydd ddigon mewn cyswllt â chreu barddoniaeth ers tipyn o amser bellach yn ein cyfnod ni. Ond fel gyda phob ffasiwn arall erioed yn y byd arbennig yma, y mae i hon hefyd ddwy ochr go ddiymwad: ar un llaw, pan fo'n cydrythmio'n ysmudol o greadigol â natur arbennig y gwaith y mae'n ymwneud â hi, gall fod yn effeithiol iawn ei chanlyniadau, eithr ar y llaw arall, os cymhelliad artiffisial yn unig sy'n ei gyrru, afrwydd a chwithig fydd ei heffaith. Ond wedyn, beth sydd a wnelo hyn oll â strwythur ac anian mesur mor hynafol â'r cywydd?

Y cyfan mewn gwirionedd, gan mai symbyliad i arbrofi'n fydryddol, a hynny'n nodedig o lwyddiannus hefyd, rywbryd tua rhan gyntaf neu ganol y bedwaredd ganrif ar ddeg fu cychwyn ffrwythloniad a genedigaeth raddol o anturus y cywydd. I ddeall yr awydd egnïol yma'n grwn, rhaid ymroi i ddychmygu natur y sefyllfa yng nghanol y newid a'r cynnwrf a nodweddai'r cyfnod hwnnw. Yn gyntaf, yr amgylchfyd gwleidyddol gymdeithasol: yr oedd mawredd oes y tywysogion yn dirwyn i ben, a dwthwn uchelgeisiol yr uchelwyr tiriog yn ymysgwyd agor. Wedyn, yr awyrgylch barddol: yr oedd dydd beirdd y tywysogion, y Gogynfeirdd, â'u hawdlau urddasol ar ben, a bore bach y Cywyddwyr ar fagu ffresni gwahanol, sef y beirdd a oedd i wasanaethu'r noddwyr newydd. Ac yr oedd y beirdd arbennig yma'n gwir ymdeimlo ag afiaith potensial eu galwedigaeth yn yr amgylchiadau, gwŷr fel Madog Benfras, Dafydd ap Gwilym, Iolo Goch a Gruffudd Gryg, gyda'u hawen arloesol yn eu hannog ymlaen i chwyldroi barddoniaeth Gymraeg y ganrif yn feiddgar.

Amlygwyd eu rhyfyg yn y ffaith iddynt ennyn y cymhelliad i fforio i faes un o fesurau distadl beirdd gwerinaidd ac israddol y cyfnod, neu'r glêr fel y'u gelwid weithiau, sef y traethodl. Aethant ati i'w ddatblygu'n gyfrwng cyfaddas ar gyfer eu huchelgais artistig hwy eu hunain ar y pryd, sef yn bennaf i foli haelioni eu cynheiliaid newydd. Aruthrol o dacteg yn wir, beirdd o gyneddfau coeth fel y rhain, etifeddion safonau enbyd eu rhagflaenwyr, yn cymaint â chellwair meddwl ymdrin ag un o gyfryngau isel a dinod eu dydd, y math o fesur a ddirmygent yn gyfan gwbwl fel arfer. Wrth wneud hyn, dewisasant ddisgyn ar fesur gwanllyd o ddigynghanedd a di-drefn ei ffurf, mesur yr arferid ei ddefnyddio i gyflwyno symlderau prydyddiaeth, i gyflawni eu bwriad aruchel. Ond eto, wedi'r cyfan, roedd tymer unigryw'r amserau ymhob agwedd arni'n gofyn am y cyfryw fenter.

Ac y mae'r ffordd yr aethant ati i gywreinio'r traethodl yn siarad cyfrolau am eu hyblygrwydd a'u hathrylith. Yn wir, pan aeth Dafydd ap Gwilym, bardd y tybir fod ganddo ran flaenllaw yn yr arloesi yma i gyd, ati yn herfeiddiol i lunio traethodl crai ar ei ben ei hun heb newid y nesaf peth i ddim arno'n fydryddol, gellir maentumio iddo gymryd y cam cyntaf yn y broses firain o gywreinio'r traethodl i greu mesur hollol newydd. Cerdd ymddiddan lle'r ymosodai'r bardd yn dreiddgar ar safbwynt cul crefyddwr o Frawd Llwyd ynglŷn â natur serch ac anianawd cân yw'r traethodl hwnnw:

> Pan fo cystal gan bob dyn
> Glywed pader gan delyn
> Â chan forynion Gwynedd
> Glywed cywydd o faswedd,
> Mi a ganaf, myn fy llaw,
> Y pader byth heb beidiaw.
> Hyd hynny mefl i Ddafydd
> O chân bader, ond cywydd.

Fel arall, gwelir, ac fe synhwyrir hefyd, pa mor foel eu natur mewn gwirionedd yw llinellau a mydrau'r pennill uchod. Y peth amlycaf ynglŷn ag ef yw nad oes rithyn o gynghanedd ar ei gyfyl o gwbwl. Felly, y cyntaf dim a oedd yn ofynnol i'r Cywyddwyr hyn ei wneud oedd dilladu noethni'r traethodl â lliw a chyfoeth y gynghanedd. Ac roeddent yn digwydd bod yn gyforiog o gyf-addas i gyflawni hynny, gan iddynt fod mor ffodus ag etifeddu'r gyfundrefn newydd-ffurfiedig honno fwy neu lai'n weddol o orffenedig o waddol y Gogynfeirdd, teip o fydryddiaeth a alwyd gan Bobi Jones fel yr un 'fwyaf cywrain a pherseiniol hardd mewn unrhyw iaith Indo-Ewropeaidd, ac o bosib yn y byd'. Ac yn sylfaenol o ychwanegol at hyn, roedd y Cywyddwyr boreol yma gyda'r meistri mwyaf dewinol oll a gofleidiodd y cyfrwng barddol unigryw hwn erioed.

Mae 'na bethau eraill i sylwi arnynt yn ogystal. Un ohonynt yw mai saith sillaf sydd ymhob un llinell o'r traethodl, elfen na newidiwyd dim ohoni gan yr arbrofwyr, gan fod ei naws arbennig yn digwydd rhyngu bodd cyfewin eu cyneddfau. Wedyn, y nod-wedd mai mesur o gwpledi pendant ydoedd, elfen arall y cadwyd ati'n ddigyfnewid ganddynt, a hynny am yr un rheswm yn union. Ac yn olaf, y ffaith nad oedd yna'r un drefn o gwbwl i acenion geiriau diwethaf neu brifodlau pob cwpled o'r pennill. Ar dro, mae'r ddwy linell yn gorffen gyda deuair deusill, trefn sy'n golygu fod dwy sillaf ddiacen yn gorfod odli â'i gilydd; bryd arall wedyn, fe geir bod un o'r llinellau'n diweddu gyda gair unsill, sef sillaf acennog, tra bo'r llall yn cadw ei gorffeniad diacen. Yn awr, ni wnâi'r fath anhrefn mo'r tro o gwbwl i'r Cywyddwyr, a hynny ar ddau gownt. Yn gyntaf, roedd yn ormod o dryblith anghymen i'w greddfau taclus, ac yn ail, roedd dwy odl ddiacen yn dilyn ei gilydd yn llawer rhy amhersain i'w clustiau sensitif. Gan hynny, dilewyd y ffurfiant yma'n llwyr drwy lynu'n gyson wrth felodedd cyfnewidiol ffurf yr odlau diacen acennog neu acennog ddiacen ymhob cwpled a gyflwynwyd ganddynt yn ei le. Felly, dyna ddelw elfennol fydraidd y cywydd fel yr esgorwyd arno gyntaf: mesur o ddwy linell seithsill o hyd gyda chynghanedd gyflawn ynddynt oll, ac yn odli mewn acenion gwahanol. Yn wir, roedd fel petai 'na ryw ysbryd megis o fetamorffosis ar waith yn y ffordd y troswyd y traethodl i'r cywydd, gyda delw wyryfol sidanaidd y newydd yn graddol ddirgrynu-agor i olau dydd o gocŵn carbwl yr hen, delw a fodolai yno, mewn gwirionedd, o'r cychwyn yn aros i'w darganfod gan dreiddgarwch gweledydd.

A dyna ffurf ddechreuol gysefin y cywydd, ond nid ei stad derfynol o bell ffordd, gan y datblygwyd yn grefftwraidd afieithus y dechneg o'i drin, dull a modd ei rediad o dipyn i beth gyda threigl amser yn ystod y cyfnod, sef y math o broses, a'i chyfrif yn ei chyfanrwydd, y rhoes y Prifardd Emrys Edwards ddarlun edmygus ohoni yng ngherdd Cadair Prifwyl 1961, 'Awdl Foliant i Gymru', wrth glodfori dygnwch dawn yr henfeirdd wrth iddynt arloesi ac esblygu cwrs y cywydd, ynghyd â'r mesurau cynganeddol eraill bid siŵr, yn ogystal â chyfannu egwyddorion y gynghanedd gaeth hithau'r un pryd:

Uwchlaw pob deddf oedd eu ffeinaf reddfau . . .
Y rhain a fu siŵr o hen fesurau
Yr awen addas i'w holl rinweddau;
Creu, trwy hyder, yn sicr eu trawiadau,

Cywiro trwy gur, caru tro geiriau,
Noddi a dysgu rhyw newydd dasgau . . .
I'r heniaith doent â rhiniau tragwyddol,
A thaniad hudol i iaith ein tadau.

Meistrolgar ystwyth oedd y dulliau a ddefnyddiwyd gan y Cywyddwyr cyntaf hyn o ddatblygu cyfeiriad eu cyfrwng newydd-anedig, parhad o arbrofi os mynner, sef eu gwahanol foddau o asio'i ffurf yn gelfyddydol wrth eu mater, cyfuniad newidiol ar dwf o hyd rhwng y ddau. Gwyddent yn reddfol mai mesur cypledol oedd eu creadigaeth, ond yr oeddent yn ddigon hyblyg eu hawen hefyd i wybod y byddai defnyddio gormod yn ddi-baid ar uned y cwpled yn arwain at undonedd effaith. Un o'u ffyrdd o osgoi hyn oedd symud yn ystyrol sionc fesul llinell weithiau am dipyn o fewn gafael sylfaenol y cwpled. Gwnaed hyn, er enghraifft, gan Iolo Goch yn ei gywydd enwog i gartref Owain Glyndŵr yn Sycharth, gan fod y tac yn fodd iddo ymhyfrydu mewn rhestru gogoniannau toreithiog y llysty hwn, ac yn rhoi'r cyfle iddo ddangos pa mor foethus o ddigwmpâr ydoedd yn wirioneddol:

A'i gaith a wna pob gwaith gwiw,
Cyfreidiau cyfair ydiw,
Dwyn blaenffrwyth cwrw Amwythig,
Gwirodau bragodau brig,
Pob llyn, bara gwyn a gwin,
A'i gig, a'i dân i'w gegin.

Bryd arall rhoent ei briod werth i gyflawnder y cwpled cywyddol yn llwyr, gan amlaf wrth gyfleu agweddau fel urddas, difrifoldeb neu ddwyster meddwl. Enghraifft solet o hyn ar waith yw cywydd diffuant Gruffudd Gryg 'I Dduw':

Hwn a ddylem ei henwi
O'n iaith rwydd yn Un a Thri;

Tad a Mab yn yr aberth
Ac ysbryd cywirbryd certh;
Arglwydd yr holl arglwyddi
A Thad a nerth wyd i ni.

Wedyn, ar dro, cyflwynent amrywiaeth mynegiant arall eto, sef drwy ehangu ffurfiant y dweud i oferu'n llyfn dros derfyn y cwpled i ffurfio rhediad y cwpled nesaf, fel bod y ddwy uned yn ffurfio un frawddeg ddi-dor o heini. Gwelir hyn mewn gweithred yng nghywydd hwyliog Dafydd ap Gwilym, 'Trafferth mewn Tafarn', tac yn hyblygrwydd ei gyflawnder sy'n cyfleu sydynrwydd a brwdfrydedd awydd y bardd i gyfarfod â'r ferch yr ymserchodd ynddi yn gynharach yn y gwesty yma, ar ôl i bawb arall yn y lle fynd i gysgu'r noson honno:

Gwneuthur, ni bu segur serch,
Amod dyfod at hoywferch
Pan elai y minteioedd
I gysgu; bun aelddu oedd.

Ac ymhellach, gweithredu un dull amrywiol arall o bwys ar strategaeth eu cyflead, dull a ddangosai ddyfeisgarwch tra changhennog mewn cysylltiad â bonyn mor gyfyng o waelodol â'r cwpled pedair sillaf ar ddeg, sef y tro hwn y modd sangiadol o ganu, modd a olygai gynnwys sylwadau annibynnol neu ar wahân o fewn cyflawnder cystrawennol y brif frawddeg, ond eto'n dwyn isberthynas neu wybodaeth o'r neilltu megis, fel cysylltiad eironig neu o gymhlethdod neu o wir deimlad, â'i mater canolog. Ceir enghraifft effeithiol iawn o hyn yng nghywydd marwnad Llywelyn Goch ap Meurig Hen i Leucu Llwyd, sef yn y rhan lle mae'r bardd fel petai'n datgan ei siom yn y ferch farw am na chadwodd ei haddewid i aros amdano nes y dychwelai o'i hirdaith glera yn y de, gan ychwanegu torymadroddion trist ar yr un pryd, sef y sangiadau sy'n disgrifio'i mwynder a'i phrydferthwch a'r gwir reswm dros ei thoramod:

Tawedog ddwysog ddiserch,
Ti addawsud, *y fud ferch*,
Fwyn dy sud, fando sidan,
F'aros, *y ddyn lowydlos lân*,
Oni ddelwn, *gwn y gwir*,
Ardwy hydr, o'r deheudir.

Ac yn ychwanegol at y moddau uchod, cyflawnwyd campau eraill ar eu cywyddau ganddynt. Un o'r rhain oedd cychwyn rhai o'u llinellau gyda'r un gytsain, arfer a elwid yn gymeriad llythrennol, fel yr enghraifft isod o gywydd Iolo Goch, 'Y Llafurwr', sy'n delweddu llun yr aradr:

*C*erir ei glod, y crair glwys,
*C*rehyr a'i hegyr hoywgwys,
*C*awell tir gŵydd rhwydd yrhawg,
*C*alltrefn urddedig cylltrawg.

Un arall oedd cynganeddu geiriau dechreuol cwpwl o linellau â'i gilydd, fel ag a wnaed gan Dafydd ap Gwilym ym mhedair llinell gyntaf ei gywydd i'r ferch o Eithinfynydd:

Y *fun* o Eithinfynydd,
F'enaid teg, ni fyn oed dydd,
Feinion aeliau, fwyn olwg,
Fanwallt aur, fuanwyllt wg . . .

Ac at hyn, yn achlysurol, cyflawnodd yr artist hwn gampau mydryddol aruthrol, er enghraifft, llunio cywydd yn dechrau â'r un llythyren yn gyfan gwbwl drwyddo, fel y gyffes i Forfudd:

*H*oywdeg riain a'm hudai,
*H*ael Forfudd, merch fedydd Mai.
*H*onno a gaiff ei hannerch,

*H*einus wyf heno o'i serch.
*H*eodd i'm bron, hon a hyllt
*H*ad o gariad, hud gorwyllt.
*H*einiar cur, hwn yw'r cerydd,
*H*on ni ad ym, hoywne dydd.

A hefyd gywyddau wedi eu canu'n gyfan gwbl ar yr un odl, fel y cywydd i fis Mai:

Dofais ferch a'm anerch*ai*,
Dyn gwiwryw mwyn dan gôr *Mai*.
Tadmaeth beirdd heirdd, a'm hurdd*ai*,
Serchogion mwynion, yw *Mai*.
Mab bedydd Dofydd dif*ai*,
Mygrlas, mawr yw urddas *Mai*.
O'r nef y doeth a'm coeth*ai*
I'r byd, fy mywyd yw *Ma*i.

Nid mater o ddilyn fformiwla ragbennol, na dim byd felly, ar ran y beirdd hyn oedd y cyfryw arbrofi neu ddatblygu, ond llwybr anogaeth eu galluoedd effro hwy eu hunain i fabolgampus ymestyn potensial cynhenid ffynhonnell bywyd yr egwyddorion a grewyd ganddynt hwy eu hunain wrth greu barddoniaeth o bwys drwy'u cyfrwng, y math o nwyf creadigol o egwyddor a arferwyd hefyd, a hynny o raid greddf, gan eu holynwyr disgleiriaf ar hyd yr oesoedd hyd heddiw, ac a arferir ymhellach hefyd i'r eithaf gan gywyddwyr mwyaf iasol y dyfodol. Nid dilyn deddfau'r egwyddorion o gywydda yn slafaidd, ond rhyddhau'r hoen sy'n parhau rhywsut yn ddihysbydd o gudd ynddynt at asbri barddoni!

Ond i ddychwelyd at linyn ein rhagymadrodd. Ar ôl datblygiadau mydraidd y Cywyddwyr cynnar uchod, yn bennaf gyda'r frawddeg gypledol, yn y ganrif ddilynol, y bymthegfed, fe ganolbwyntiodd y galluocaf o'u holynwyr, beirdd fel Dafydd Nanmor, Lewys Glyn Cothi, Gutun Owain a Guto'r Glyn, i enwi rhai ohonynt yn unig, ar berffeithio adeiladwaith y cwpled unigol ei hunan. Dyna'u cyfraniad i gynnydd awenus y cywydd, gan gynhyrchu yn y broses farddoniaeth o safon wirioneddol orffenedig. Hwyrach y gellir beirniadu'r teip yma o gelfyddyd fel un a oedd yn dueddol ar brydiau o fynd braidd yn ddiamrywiol o undonog, eithr wedyn rhydd effaith gyfan y coethder hwn o gywydda foethusrwydd esthetig o'r radd uchaf un, y math o gyfoeth rhin a geir mewn llinellau fel y rhai canlynol ym marwnad Guto'r Glyn i Lywelyn ap y Moel, cabolrwydd ysbrydoledig o gwpledi sy'n bodloni rhywun yn gyfan:

Clywed y mae merched Môn
Cloi derw am serch clod Euron.
A bwrw gordd berw ac urddas
Awen dan gelynen las.
A thewi bronfraith Owain
Yn ŵr mud yn nerw a main.

Yn wir, cyrhaeddwyd cymaint o orffennedd ffurf gyda'r dacteg unigryw hon, fel yr aeth y beirdd ati i lunio cwpledi gyda chrynoder epigramatig o ddiharebol iddynt, elfen a welir ar brydiau yng ngwaith Iorwerth Fynglwyd, er esiampl:

Er däed y gair diwerth,
Ni bydd gair heb addo gwerth.

Ac yng nghynnyrch Tudur Aled wedyn:

Câr yn cyhuddo arall,
Hawdd i'r llaw gyhuddo'r llall.

Ond er y gwychder hyn i gyd, fel y dirwynai ei ddwthwn ymlaen i gorff yr ail ganrif ar bymtheg, ar ôl bron i dair canrif o fodolaeth anhygoel o ddisglair, daeth dirywiad, fel y gellid disgwyl wedi cymaint rhychwant o amser, i ansawdd ffurf ac awen y cywydd uchelwrol. Eithr er hynny ni ddarfu amdano yn llwyr fel cyfrwng mydryddol o safon, canys yn rhyfeddol o gymharol fuan wedyn rhoes prif feirdd y ddeunawfed ganrif fywyd newydd iddo trwy gyfrwng arddull gelfydd o hunanfeddiannol ddisgybledig, rhyw fath o adfywiad clasurol ym myd y canu caeth, megis ag a deimlir yng nghywyddau Goronwy Owen, i nodi enghraifft unigol o'r mudiad arbennig hwn:

Henffych well, Fôn, dirion dir,
Hyfrydwch pob rhyw frodir.
Goludog, ac ail Eden
Dy sut, neu Baradwys hen:
Gwiwddestl y'th gynysgaeddwyd,
Hoffter Duw Nêr a dyn wyd.
Mirain wyd ymysg moroedd,
A'r dŵr yn gan tŵr it oedd.

('Cywydd yn Ateb Huw'r Bardd Coch o Fôn')

A pharhau ar drywydd natur y math uchod o olyniaeth, ni ddilynodd prif feirdd y bedwaredd ganrif ar bymtheg mo'u rhagflaenwyr clasurol o gwbl i arbenigo ar y mesur yma fel y cyfryw, ond eto i gyd fe lwyddodd rhai ohonynt, prydyddion fel Ieuan Glan Geirionydd, Cynddelw ac Islwyn, i greu ambell gywydd lled effeithiol, ar y cyfan, o bryd i'w gilydd, a hynny mewn mynegiant symlach o fwy uniongyrchol synhwyrus a llai hynafol na'u rhagflaenwyr, fel y dengys y darn hwn o waith Islwyn:

Hoff hynt geir, Ffontygeri,
Ar lan dirion dy don di.
Sŵn y don sy yn dyner
Delyn bardd ar dy lan bêr.
Wyt gwr, O Ffontygeri,

O fyd gwell ymhell i mi!
Gloyw le is golau leuad,
Os eir 'min nos, O'r mwynhad!

('Ffontygeri')

Ond gyda deffroad llenyddol dechrau'r ugeinfed ganrif fe dderbyniodd y canu caeth drallwysiad gogoneddus o ynni ac awen i'w gyfansoddiad. Y bardd sy'n cynrychioli'r adfywiad mawr hwn yn y maes arbennig yma yn bennaf yw T. Gwynn Jones, ac y mae ysmudiad ac ysbryd fel eiddo'r hen gywyddwyr mawr eu hunain gynt yn cyniwair trwy rai o'i gampweithiau cynganeddol godidocaf, fel yn rhythm ysgubol y dyfyniad hwn allan o'i gywydd 'Penmon':

Acw o lom graig, clywem gri
Yr wylan, ferch môr heli;
Hoyw donnai ei hadanedd,
Llyfn, claer, fel arfod llafn cledd;
Saethai, hir hedai ar ŵyr
Troai yn uchter awyr;
Gwisgi oedd a gosgeiddig
Wrth ddisgyn ar frochwyn frig
Y don, a ddawnsiai dani;
Onid hardd ei myned hi
Ym mrig crychlamau'r eigion,
Glöyn y dwfr, glain y don.

At hyn fe ddatblygodd yr awdl eisteddfodol yn sylweddol o ran ansawdd yn ystod yr ugeinfed ganrif, ac fe gynhwyswyd sawl caniad o gywyddau trawiadol mewn nifer o'r awdlau arobryn yma, cerddi o galibr 'Min y Môr', Meuryn, 1921; 'Y Lloer', J. J. Williams, 1906; 'Caerllion-ar-Wysg', T. Llew Jones, 1958; 'Preselau', Dafydd Owen, 1972, i nodi ond pedair enghraifft.

Hefyd, yn achlysurol, fe grewyd swrn o gywyddau trawiadol odiaeth, yn anghystadleuol a chystadleuol fel ei gilydd, gan wŷr megis Waldo, Alun Cilie, Emrys Edwards a Dic Jones, tra dewisodd beirdd pur ddawnus fel Trefin a William Morris ganolbwyntio'u dawn ar y cywydd. Ac i goroni'r cyfryw doreth, o ran cynnydd sgôp ac arwyddocâd hanes y farddoniaeth gaeth, fe gaed cychwyniad dadeni cynganeddol, yn gyffredinol felly, go ddisyfyd o rymus tuag ail ran y chwedegau, a hwnnw wedyn yn lledu ac esgyn i'w lawn dyfiant o hynny, dros gyfnod o ddwy genhedlaeth a mwy yn wir, erbyn hyn, o feirdd caeth. Yn wir, ni bu oes o ddirwyniad fel hyn yn cynnwys cymaint o feirdd erioed gyda'i gilydd, un llanw brwdfrydig ohonynt, yn canolbwyntio o ddifri ar gynifer o agweddau ar lunio barddoniaeth gynganeddol, a honno'n unig, oddi ar y ddwy ganrif ganoloesol fawr. Ac yn naturiol felly, yng nghanol y fath don o adfywiad fe elwodd y cywydd, fel un o'r prif fesurau caeth, i raddau tra safonol. Gellir dweud yn fras mai arbenigedd y genhedlaeth gyntaf o feirdd fel cywyddwyr oedd yr arddull gryno, orffenedig bersonol o fynegiant, tra ymhyfrydodd yr ail, at ei gilydd, yn y cyflead llaesach a mwy agored o gyfathrachu, un o nodweddion trosglwyddiad eu 'cywyddau cyhoeddus' bywiog. Mae'n sobor o anodd, yn llwyr annheg mewn gwirionedd, cyfyngu enghreifftiau i fyramlygu'r hyn a olygir uchod i waith dau gynganeddwr yn unig allan o fyrdd gorchestion cyffrous y ddau ddosbarth yma, ond o reidrwydd gofod, am y tro, caiff Gerallt Lloyd Owen a Myrddin ap Dafydd gynrychioli'r ddwy arddull:

Anodd coelio, Dduw caled,
anodd credu claddu Cled,
a'i adael mor fud wedyn,
mor fyddar â daear dynn
Y Garnedd yn Llangernyw –
llond arch o gyfaill nad yw.

('Cled')

Rhimyn tir ymhen teirawr
Draw ar wych belydrau'r wawr
A nesáu mae'r ynys hud
Yn wyllt at galon alltud;
Yn ei haur, cwyd o'r gorwel
Enethig Wyddelig ddel.

('Erin')

Ac felly, ysblennydd o fywydol yn wir yw amryfal ddatblygiadau'r cywydd deuair hirion dros yr oesoedd, y dolenni o dyfiant sy'n waddol mor drwchus o'i feinder ffurf, a'r cyfan yn etifeddiaeth mor ystwyth wrth law at ddefnydd y cynganeddwyr cyfoes. Y cywydd, siŵr o fod, fu un o'r arbrofion mwyaf llwyddiannus gyfoethog erioed yn hanes barddoniaeth Gymraeg. Dyma'r mesur mwyaf ymarferol o ddigon at bwrpas llunio'r hyn a olygir wrth gerddi unigol gompact fel y cyfryw, hynny yw, yn yr ystyr arferol a roir i'r term hwnnw mewn barddoniaeth yn gyffredinol, ymhlith y cyfan eraill o fesurau amrywiol cyfundrefn Cerdd Dafod. 'Does ryfedd yn y byd i Feirdd yr Uchelwyr wneud defnydd mor doreithiog ohono, a hynny o'i gychwyn cyntaf yn deg mewn gwirionedd, ac i'w holynwyr dros y canrifoedd eu dilyn yn naturiol yn hyn o arfer. Er i'r henfeirdd ddyfeisio cwpwl bach o berthnasau agos iddo, fel y cywydd deuair fyrion a'r cywydd llosgyrnog, ac i'n beirdd modern ninnau hefyd ffurfio mesurau arbrofol ohono yn awr ac yn y man, mesurau nad oes a wnelom â hwy yn y gyfrol hon, ni ragorwyd erioed ar rywiogrwydd cyfryngol y cywydd deuair hirion. Mae ei gywasgedd a'i grynoder modd yn cynnig cyfrwng delfrydol, yn baradocsaidd felly ar un olwg, o sgôp dyfnder fel gyda hyd a lled rhyfeddol i'w ddefnyddwyr gyflwyno'u cynnyrch ar ystod o faterion sydd gyfled â bywyd ei hunan, cyhyd wrth gwrs â bod union natur eu pwnc ar y pryd yn cyfrin alw am arbenigedd naws a rhythmau'r cywydd i'w throsglwyddo. Yng ngoleuni hyn oll, nid yw'n syndod o gwbwl i

Alan Llwyd ddweud yn ei gyfrol hyfforddol *Anghenion y Gynghanedd*: 'Un o'r mesurau pwysicaf, os nad y pwysicaf oll, yw'r cywydd deuair hirion . . .'

Felly, gyda mesur o'r fath statws, mewn cyfrol fel hon sy'n ymwneud â'r modd i greu barddoniaeth ynddo, y brif egwyddor a fabwysiedir drwyddi yw pwyslais cyson ar y ffyrdd uchaf eu safon o gyflawni hynny, gwneud y defnydd gorau posibl o bwrpas gwahanol gyfryngau barddoniaeth. Beth yn union a olygir wrth osodiadau fel yna? Wel, eu hystyr yn fras yw llunio prydyddiaeth, cywyddau yn yr achos yma, sy'n cynnwys y deunydd â'r ffurf a'r sylwedd ynghyd i wefreiddio a bodloni dilynwyr y canu caeth, cyffroi a bodloni eu cyfundrefn nerfol yn ogystal â chynneddf eu deall, oblegid wedi'r cyfan bu llwyr ddiogelu'r cyfryw ansawdd ohono'n feddylfryd ac uchelgais oesol. Felly, dyna nod cyfunol y penodau isod, yr hyn a weithredir drwy gyfrwng ymdriniaethau ymarferol ag egwyddorion pwysicaf y cywydd. Mewn geiriau eraill, cynnig arweiniad ar y ffordd i osgoi'r symol drwy anelu at y rhagorol, ac yn wir, fel y pwysleisiwyd uchod, ei gymell nid trwy ddull fformiwleig y pedantig ond trwy ireidd-der awen yr organaidd, oblegid mai dyna briod ysbryd y broses greadigol, ac am hynny gorau oll pa mor gydnawsaidd o agos yw natur unrhyw waith hyfforddol sy'n ymwneud â barddoniaeth, ac yn wir beirniadol neu ddadansoddol hefyd, i'r broses unigryw honno o greu.

CORFF
Y CYWYDD

CALON

MESUR TYN O FYW yw'r cywydd, a chalon y corff arbennig hwn o gwpledi dilynol o bedair sillaf ar ddeg ydyw'r gynghanedd. Dyma'r offeryn sy'n gyrru cerrynt drwy ei holl fodolaeth.

Ansawdd

Mae cyflwr ac iechyd y corff arbennig hwn yn dibynnu'n llwyr ar safon gwneuthuriad a churiad y galon hanfodol hon. Os yw stad y rhain yn gymharol wantan o ddi-ffrwt neu henaidd, yna isel o ddiegni fydd ei rhythm hithau hefyd, gyda'r canlyniad na cheir dim ond bloesgni diflastod o glywed neu ddarllen yr hyn a drosglwydda. Ond ar y llaw arall, os oes yna flas hoen a ffresni'n gyson i'w thrawiad, y mae bob amser yn ffynhonnell fywiol o drydan. Felly, uwchlaw ac islaw popeth arall, tymer yr offeryn hollbwysig yma sy'n penderfynu ansawdd craidd unrhyw deip o gywydd, cyfundrefn ei gyfatebiaethau ynghyd â'i holl system odledig, o'i fôn i'w frig yn ei grynswth, fel wrth gwrs gyda phob math o gerdd gynganeddol arall petai'n dod i hynny.

O ganlyniad, y mae'n ofynnol rhoi tipyn o sylw, ar y cychwyn fel hyn, i natur sylfaenol strwythur yr organ rhyfeddol yma. Mae'n greiddiol o bwysig i'r sawl sydd â'i fryd ar lunio cywyddau lwyr feithrin y sylweddoliad, a gorau po gyntaf y bo hynny ar ôl y rheidrwydd o feistroli gwahanol ofynion y cynganeddion wrth reswm, mai ei briod waith wrth gynganeddu, yn anad yr un arall, yw ceisio osgoi hyd eithaf ei gyneddfau y cyfatebion hawdd eu cael hynny, y trawiadau sydd bob amser wrth law mor barod i'w cynnig eu hunain, ac a ddefnyddiwyd yn rhy aml o'r blaen. Wedi'r cyfan, mater o fagu'r ymroddiad angenrheidiol i blymio i botensial geiriau, nes taro ar y cyswllt annisgwyl o newydd sy'n gwastadol fodoli-lechu yno, dim ond aros, chwilio a disgwyl yn ddigon hir o amyneddgar amdano ymysg cysylltiad eu seiniau â'i gilydd ynghyd â'u hawgrymiadau ystyrol, hanfod cywrain-ddwfn cyfundrefn Cerdd Dafod, yw'r caledwaith o farddoni mewn unrhyw fesur caeth. Dyma'r math o fforio cynganeddol sy'n siŵr o esgor, yn hwyr neu hwyrach, ar y sbarc o ddrychfeddwl mewn clec a syniadaeth gwbwl ddiystrydeb.

Ac yn ddiau o'r safbwynt yma, y mae'r wythïen unigryw hon yn dal yn wyrthiol o ddihysbydd i'r fforiwr cyndyn-ddiflino. Ond am y tro, ar y cychwyn fel hyn, gadawer inni, yn fwriadol, gyfeirio'n groes i'r egwyddor hon, sef bodloni ar lunio cwpled reit ystrydebol ei gynganeddiad, er mwyn canfod yn gliriach y math o ffaeleddau anochel a ddeillia o'r cyfryw weithred:

Ag *óerwynt* drwy'r fro'n *gýrru*,
Mor *ddiddan* yw *tân* mewn *tŷ*.

Fe welir ar fyrder, mae'n siŵr, mai tra eiddil yw'r cyfan o'r cwpled yna, o ran modd a deunydd gyda'i gilydd. Trawiad pŵl ddigon sydd rhwng prifacenion y llinell gyntaf, 'oerwynt' a 'gyrru', safleoedd cwbwl allweddol mewn cynganeddion Croes a Thraws cytbwys ddiacen ar gyfer clensio gwreiddioldeb cyfatebion, er gwaethaf y nerth o ryndod yn eu sŵn, gan mai ailbobiad ydynt yn y bôn o linell agoriadol awdl enwog R. Williams Parry, 'Yr Haf'; rhwng popeth, traethiad bach hynod o ddi-rin ydyw. Ac nid yw'r ail linell hithau o gynghanedd Sain ddim gronyn yn well ei safon. Syniadaeth wantan sydd i'w rhan odledig gyntaf, y cysylltiad treuliedig rhwng 'didd*an*' a '*tân*', tra bo'r gyfatebiaeth acennog yn yr ail ran, yr ystrydeb o bwyslais rhwng '*t*ân' a '*t*ŷ', yr un mor fflat, llinell â thraw rhyddieithol yn perthyn iddi a chyda barddoniaeth y mae hynny'n rhywbeth i'w osgoi fel y ffliw. Felly, yn ei gyfanrwydd nid yw cyffredinedd y cwpled yn dod yn agos at gyfleu natur erwin yr hyn a fynega. Dylid gochel rhag ffurfio'i debyg ar bob cyfrif. Mae'r egwyddor yn glir: mewn cerdd gaeth, ansawdd y gynghanedd yw safon mater y farddoniaeth hithau'n ogystal. Yn awr, gadewch inni asio cwpled llawer cryfach gyda'r un cynganeddion, y Draws gytbwys ddiacen a'r Sain gytbwys acennog, a chan gyfleu'r un syniad, mwy neu lai, ond mewn ffordd rymusach, hynny yw, drwy beidio â gadael i groywder prif egwyddor y broses o greu'n gynganeddol gymaint â hanner llithro am eiliad o'r meddwl. Beth am gynnig o'r natur yma? –

> Â'r *óerwyn*t yn *gweŕyru*,
> *Nodded* o'r *t*arged yw *tŷ*.

Mae'r cwpled yma, siŵr o fod, yn cryn ragori ar y llall. Mae i'r llinell gyntaf gyfatebiaeth reit anghyfarwydd rhwng safleoedd pwysig ei phrif acenion, 'oerwynt' a 'gweryru', naws darlun neu ddelwedd drosiadol o gynghanedd, a honno'n cyfleu'r meinder mileinig sy'n nodweddu rhynwynt nos o aeaf mewn ffordd newydd. Mae'r ias grochlyd sydd yn y gair 'gweryru' ei hunan a'i ddwy 'r' wedyn yn awgrymu'r awch anifeilaidd hwnnw sydd i ddolef gaeafwynt yn fynych, gair â sain ddigon onomatopoeïaidd i'w draw yn enwedig yn ei ran ffigurol uchod, sŵn sy'n cynnwys elfen o arswyd ac anwarineb, esiampl bur effeithiol o fenter gynganeddol sy'n un o feini prawf safon mewn cerdd gaeth. Ac mae i'r ail linell hithau ei newydd-deb yn ogystal: dieithr yw'r odl rhwng 'nodd*ed*' a 'targ*ed*', ond byddem yn colli'r newydd-deb hwnnw petaem yn odli 'nodded' â 'tynged', dyweder. Hefyd, y mae'r un elfen annisgwyl i'w chael yn y trawiad anghytbwys acennog rhwng '*t*arged' a '*tŷ*', nodwedd sy'n gwneud i'r llinell ar ei hyd, drwy i egni'r gynghanedd symbylu'r odlau hefyd, gyfleu mewn modd byw iawn pa mor wirioneddol groesawgar yw cael cysgod tŷ rhag annel ddidrugaredd ellyll o ddwyreinwynt. Felly, dyna gwpled sy'n llwyddo'n bur dderbyniol i drosglwyddo grym ysbryd ei fater drwy gyfrwng gwreiddioldeb llwyr ei gynghanedd, ansawdd yr un galon eto'n penderfynu safon y bywyd oll.

Yn awr, gadewch inni ailadrodd y math uchod o ymarferiad yn grwn, ond mewn cwpled sy'n cynnwys cynghanedd Lusg a chynghanedd Groes y tro hwn:

Mae'r don *gynnar* yn *chwarae*
Yn *àra' bách* àr y *báe*.

Edrychwn drachefn arno. Go brin fod odl fewnol y llinell gyntaf yn un i beri i neb gocio'i glustiau, cyswllt arferedig ddigon sydd rhwng y geiriau 'cynnar' a 'chwarae', ac felly nid yw ffurfio cynghanedd Lusg ohonynt yn debyg o gynhyrchu'r un fflic o syndod barddonol, ffaith sy'n pwysleisio eto mai geiriau gyda'r cyswllt seinegol ac ystyrol mwyaf anarferol rhyngddynt yw'r rhai delfrydol ar gyfer nyddu newydd-deb drwy gyfrwng barddoniaeth gaeth. Wedyn, llinell symol arall yw'r ail, gyda'r cysylltiad rhwng rhagacen a phrif acen y rhan gyntaf â'u partneriaid yn yr ail ran, 'ara' bach' ac 'ar y bae', yn rhai braidd yn isel o ran ynni meddwl cynganeddol. Felly, cwpled cymharol gyffredin ar ei hyd yw hwn, gyda symolrwydd y gynghanedd yn pylu ei holl strwythur unwaith yn rhagor. Y cyfan a wneir yw nodi fod y tonnau'n chwarae'n dawel ar y traeth yn y bore. Cyfansoddiad arall nad yw'n gwneud chwarae teg â phriod dymer yr awyrgylch dan sylw.

I ddilyn hyn, gan ddefnyddio'r un elfennau cynganeddol eilwaith, ymegnïwn drachefn i lunio rhagorach gwaith gyda chynnig fel hyn:

Mae'r don *gerddgar* yn *chwar*ae
Yn *òriau bálm* àr y *bá*e.

Mae'r gynghanedd Lusg gyntaf yn swnio tipyn yn gryfach y tro hwn, am fod yna gord, cyflead sŵn, mwy ffres a pheraidd o awenus hefyd yn yr odl fewnol rhwng 'cerdd*gar*' a '*chwar*ae'. Ac mae'r un peth yn wir am y gynghanedd Groes ddilynol, gan fod naws yr holl gyfatebiaeth sy'n ei dirwyn, y berthynas rhwng 'oriau balm' ac 'ar y bae', dipyn yn fwy dengar o awgrymus ei mynegiant. Yn wir, mae'r holl gwpled yn bywiol gyflwyno'r rhin ledrithiol honno a deimlir yn aml ar draethell lonydd mewn modd empathig o ddyfnach na'r cyntaf, am i hoywder y gynghanedd drawsffurfio'r cyfan o elfennau'r llinell, esiampl sy'n dangos fod angen iddi gyfleu union natur pob mater y mae'n ymwneud ag ef yn y modd bywiocaf posibl, ac ni all wneud hynny ond drwy ei ail-greu o'r newydd bob tro.

Wedi ymarferiadau agoriadol o natur elfennol fel'na, buddiol fyddai craffu ar yr egwyddor arbennig yma ar waith, y cyfuniad o wreiddioldeb sain yn cyflwyno ffresni meddwl y mae'r gynghanedd yn ei hawlio, mewn dau ddyfyniad o waith meistri ar y gelfyddyd o ddau gyfnod cyfoethocaf Cerdd Dafod. Daw'r cyntaf allan o un o gywyddau cyfarwydd bersain Oes y Cywyddwyr:

Pan ddêl *Mai* a'i *lifrai las*
Ar *irddail* i roi *urddas*,
Aur a *dyf* ar *edafedd*
Ar y *llwyn* er *mwyn* a'i *medd.*
Teg yw'r *pren* a *gwyrennig*
Y *tyf yr aur tew* o'i *frig.*

('I'r Llwyn Banadl', Anhysbys)

Dyna ddyfyniad o gywydd lle yr ymbrioda trawiadau'r gynghanedd ac ystyr y sylwedd yn iraidd o ddi-fefl ymhob llinell o'i gwpledi. Mae gwead ir y cwpled cyntaf, gwyrddni ifanc y Gerdd Dafod, gyda'i chyflwyniad trosiadol annisgwyl o ddyfodiad Mai ar lun toreth o 'lifrai las', ac yna'r 'urddas' gwedd a rydd hynny ar yr holl ymgnydio dail, yn ddelwedd ffigurol sy'n un mewn gwirionedd, o ran naws a blas a phopeth arall, â ffrwythlondeb gwyrf cyrhaeddiad pinacl y gwanwyn ei hunan. Wedyn, yn y pedair llinell ddilynol, ychwanegir at yr olygfa, drwy gyfrwng cynganeddion cyfaddas o gordeddog, felynder cudynnau'r banadl ac o bosibl y tresi aur hwythau hefyd: sylwer ar drwchusrwydd plethiad y gyfatebiaeth rhwng 'dyf' ac 'edafedd', ynghyd â rhediad araf fodrwyog ei phartneres olynol o gynghanedd Sain, ac yna'r Llusg ganlynol wedyn sy'n cyfleu, gyda'i hodl wytnach wahanol o ymdeimlad, sef 'gwyrennig', pa mor wirioneddol nerthol y cyfyd y praffter o brydferthwch yma oll i frig y pren. Fel y dywedwyd uchod, dim ond drwy gynganeddu newydd o'r radd fwyaf synhwyrus fel hyn yr oedd yn bosibl dod mor syfrdanol o agos mewn geiriau at wyryfdod yr ysbryd a gyniweiriai'r goedlan ei hun yn y penllanw pellennig hwnnw o Fai. Dyna pam mae'r darlun hwn mor gyrhaeddgar fyw i ni heddiw, ar ddiwedd degawd cyntaf yr unfed ganrif ar hugain, ag yr oedd i gyfoeswyr y cywyddwr ei hunan, hyd yn oed os nad oes sicrwydd pwy ydoedd hwnnw'n iawn, yn ystod y bymthegfed ganrif.

Tra gwahanol yw natur yr ail ddyfyniad, ond eto'n amlygu'r un feistrolaeth ar wreiddioldeb pwrpasol y broses o gynganeddu, o'r cywydd 'Parc yr Arfau', Dic Jones, un o gynganeddwyr blaenaf yr ugeinfed ganrif, sy'n darlunio dechreuad cynhyrfus gêm rygbi:

> *Byr gord* gan y *pibiwr gwyn*
> A *phêl uchel i gychwyn*,
> Ac *ar un naid* mae'n *gwŷr ni*
> Fel *un dyn* draw *odani*.
> Wyth danllyd *ddraig*, wyth *graig gre'*
> *Nas syfl* un dim o'u *safle*,
> A *nerth eu gwth* o *darth gwyn*
> O'u *mysg* yn *cyflym esgyn* . . .

Fel y gellir ymdeimlo'n syth mae yna symudiad cyflym yn hydreiddio'r pennill, tempo a gyfleir gyda phwrpas felly, gan gyfatebiaethau sgilgar y pedair llinell agoriadol, wrth ddarlunio chwibaniad sydyn y canolwr, ‘*byr g*ord gan y pi*b*iw*r g*wyn’, a chwimder rhediad odl ac aceniad y gynghanedd Sain wedyn gyda’r ‘bêl u*ch*el i gy*ch*wyn’ y chwarae, ac yna’r gyfatebiaeth egnïol ‘a*c* a*r* u*n n*aid mae’n *gwŷr ni*’ a’r clymiad disyfyd o ‘un *dyn* o*d*a*n*i’ yn syth ar ôl hynny. Ond craffer fel y mae hyn yn arwain at awyrgylch o newid yn y pedair llinell olaf: soletrwydd yn lle chwimder, pŵer di-ildio’r blaenwyr a drosglwyddir yn wreiddiol drwy asiad pentyrrol grymus y geiriau ‘draig’, ‘graig’, ‘gre’’, ‘nas syfl’, ‘safle’, ‘nerth gwth’, ‘tarth gwyn’, ‘mysg’ a ‘chyflym esgyn’ â’i gilydd. Yn wir, ymglywir ymhob cymal o’r pennill â’r cyffro dihafal hwnnw sy’n hydreiddio maes y brifddinas yn ystod gêm rygbi ryngwladol.

Dyna ddigon, siŵr o fod, i ddangos pa mor gwbwl greiddiol yw nyddu trawiadau iachus o ifanc, a chroyw o ran sain bob amser, wrth fynd rhagddi gyda’r gwaith amlweddog o adeiladu calon cywydd.

Ffurf

Yn ogystal ag ansawdd curiadau’r galon gynganeddol mewn cywydd, y mae stad ffurf y rheini’n agwedd anhepgor arni hefyd, ac felly tra gofynnol yw cadw clust effro ar ei safon hithau, sef ei hangen am amrywiaeth iach o wahanol fathau o drawiadau o fewn cyflawnder sownd o rythm. Felly, fel ag o’r blaen, lluniwn ddarn bychan o’r mesur lle nad yw’r elfen yma mor ddiafiechyd ag y dylai fod, gan mai drwy’r cyfryw ddull yn unig y medrir gweld yn blaen wir natur symptomau’r anhwylder:

> Gwefriol odiaeth yw’r draethell,
> Estyn y mae i’r bae’n bell
> Mor ffres o ddeir, disgleirio
> Yn wyn o gregyn a gro
> Dan haul gwibdan y glannau
> A’r don wen i’w godre’n gwau,

Un arc helaeth o draethell
Fel glain o gain heb ei gwell.

Mae gwreiddyn y clefyd erbyn hyn, siŵr o fod, yn gymharol eglur, sef tipyn o undonedd ymlusgol o seinegol am fod yr un math o gynganeddion, y Llusg a'r Sain yn yr achos hwn, yn dilyn ei gilydd o hyd braidd yn ddiflas o unffurf. Gan hynny, gosodwn yn awr drefn newydd ar gynganeddion y cwpledi, sef cymysgedd mwy bywiog o'r pedwar math ohonynt, er mwyn cael mwy o amrywiaeth a sbonc yn eu symudiad, un sy'n cyfleu ffresni a bywiogrwydd natur yr olygfa arbennig hon yn llawer cymhwysach:

Gwefriol odiaeth yw'r draethell,
Ar hyd y bae rhed o bell
Mor ffres o ddeir, disgleirio
Yn grych o gregyn a gro
Dan haul gwibdan y glannau
A'r don wen i'w godre'n gwau,
Gwe doreithiog o draethell
Fel glain o gain heb ei gwell.

Ond nid gorddefnydd olynol o'r Llusg a'r Sain yn unig gyda'i gilydd sydd â'r duedd o beri blinder tôn i'r galon, canys fe'i hachosir hefyd gan yr un pentyrru gormodol o'r Groes a'r Draws hwythau, hyd yn oed os ydynt o wahanol fathau, er nad yn union i gymaint yr un graddau efallai. Mae'n wir yr ystyrir fod mwy o gamp ar wneuthuriad y ddwy gynghanedd yma nag ar y ddwy arall, ond mae eu gorlwytho hwythau'n ogystal yr un mor dueddol o beri undonedd sain. Felly, gadewch inni sylwi'n glustfain ar enghraifft o'r math yma o beth, gyda deunydd nad yw'n llwyr gydweddu â hi:

Boreau byr o aea' –
Oerni ŷnt mewn pinsiwrn iâ,

Yn gaeth o iaswyn i gyd
Eu llun, ond ambell ennyd
Mae dwylo mud o olau
Yn ara' ddod i'w rhyddhau
Yn oediog, yna wedyn
Y cnwd oer yn eu cau'n dynn.

Gan mai dim ond dau fath o gynghanedd, y Groes a'r Draws, a geir yn y darn, y mae'r rheini wrth ymddirwyn ar ôl ei gilydd yn gwbwl ddi-dor yn gogwyddo at fod rywfaint yn drymllyd o ran traw. Felly, eto, os newidiwn rywfaint ar y dilyniant gyda chyflwyniad o gwpwl o gynganeddion Llusg a Sain weithiau, ar yn ail â'r Groes a'r Draws, fe gawn donyddiaeth fwy dengar o amrywiol, ac un sy'n cyfleu'n fwy sensitif y mymryn o wahaniaeth naws yn y fferdod a ddarlunnir gyda dyfodiad munud ddadmerol o heulwen iddo:

Boreau byr o aea' –
Oerni ŷnt mewn pinsiwrn iâ,
Yn gaeth o iaswyn i gyd
Eu llun, ond ambell ennyd
Mae llaw rithiol o olau
Yn dod, rhyw ddod i'w ryddhau
Ar gil-led, yna wedyn
Y cnwd oer yn eu cau'n dynn.

Eithr wedyn ar dro, pan fo cymeriad y mater yn galw am hynny, y mae asio cynganeddion unffurf â'i gilydd yn gweddu i'r dim, yn lles i dremor y galon gyrraedd ei nod. Yn wir y mae'n esthetig o ofynnol i wneud hynny er mwyn ei fynegi yn y ffordd orau bosibl, fel di-dor olynu arafwch natur y Llusg a'r Sain yn y darn canlynol i gyfleu llun megis treigl blinedig afon yn ei rhannau isaf ychydig cyn iddi gyrraedd y môr, dyweder:

Yn glaf, distawa'r afon
I'w hisfyd bawlyd i'r bôn,
Dolennu'n lludded wedyn
Fel bwâu rhwng glannau'r glyn,
A graddol i'w marwolaeth
Ar hyn hyd rimyn o draeth.

A'r un modd, y mae yr un mor gelfgar ofynnol i fabwysiadu dull cyffelyb gyda thymer galed y Groes a'r Draws hwythau, pan fo anian yr achlysur yn cydweddu â hynny, megis gyda chyfleu hiraeth cyndyn rhyw wladwr cysefin wedi iddo symud i fyw i ganol gormes awyrgylch tref, er enghraifft:

Dydd o drwst strydoedd y dref
Oedd ei ddydd o ddioddef,
Mae ei hiraeth am oror
Ei ddoe mwyn wrth hedd y môr
Yn daer yn rhu moduron
Di-rif a hir y dref hon,
Dyhea am awr dawel
Ym mron ei gwm a'i rin gêl
Yn lle gwaedd yr hunlle' gas
Sy'n ddinistr, sŵn y ddinas.

Ond, ran amlaf, disgwylir i gywyddwr weithredu amrywiaeth bywiog o'r pedwar math o gynganeddion yn ei waith, gan fod y sefyllfaoedd sy'n gofyn am hynny ganddo yn digwydd yn fwy mynych na'r rhai i'r gwrthwyneb. Ac felly i gloi, dyma enghraifft o amrywio cynganeddion yn ôl ystyr, allan o un o gywyddau enwog y bymthegfed ganrif, cywydd 'Gofyn Cŵn Hela', Gutun Owain:

Ymddiddan tuag Annwn
Yn naear coed a wnâi'r cŵn.
Llunio'r gerdd yn llwyni'r gog,

A llunio angau llwynog;
Da gwyddant ar gleinant glyn
Riwlio mydr ar ôl madyn.
Medran' fesur y ganon,
Musig ar ewig a rôn'.

Synhwyrer yr amrywiaeth heini o gynganeddion o'r prif deipiau sy'n gweithio'i ffordd drwy'r pennill, ac fel y mae hynny'n cynhyrchu union rythm natur ei bwnc: rhuthr helgwn ar ôl eu prae.

Fel y gwelir erbyn hyn, yn gyntaf y mae cyfnewidiad mewn mathau o gynganeddion ar eu dilyniant drwy rediad cywydd yn nodwyddo blas o sbonc yn gyson i'w adeiladaeth. Ac yn ail, fel y mae'n bwysig creu unffurfiaeth gynganeddol ar dro pan fo angen gwneud hynny. Wrth i gywyddwr dyfu'n fwy profiadus o hyd gyda'i grefft fe fydd yn gwybod yn syth pryd a sut i weithredu'r ddau ddull fel ei gilydd. Mewn geiriau eraill, ni fydd eisiau iddo fod ar wyliadwriaeth fetronomaidd o ddi-baid ynglŷn â'r peth, gan y bydd yn ei gyflawni'n naturiol gyda naws treigl a dawns y llinellau.

Saernïaeth

Wrth yr is-deitl uchod, mewn cyswllt â mater yr adran yma, golygir dwy agwedd arbennig ar lun y gystrawen a'r frawddeg gynganeddol, plethiad strwythur y galon hollbwysig yma. Yn gyntaf, arwyddocâd y ferf o fewn y gyfatebiaeth gytseiniol, hynny yw, rhinwedd neu gryfder presenoldeb y ferf rededig o fewn gwead y gynghanedd, naill ai wrth ffurfio'i phrif acenion neu yng nghyfatebiaeth ei rhagacenion. Mae hyn i gyd yn rhagdybio y gellir synhwyro gwendid o wacter neu fwlch o absenoldeb mewn rhyw ddarn neu'i gilydd o gywydd, neu'n wir yn ei holl gyfanrwydd felly, os hepgorir y ferf yn ormodol o fewn ystod y cynganeddiad, yn enwedig pan fo'r angen am ei chynnwys yn weddol amlwg i sefydlogi'r deunydd, megis gyda'r pennill hwn:

Hardd anian rydd ei einioes,
Un triw i'w waith trwy ei oes;
Gŵr odiaeth o garedig
Heb na dial na dal dig,
Ei amynedd o'r mwynaf
O hyd fel bore o haf,
Ac mor llawn i'w nawn a'i nos
O hygar ac o agos.

Ond drwy gyflwyno cwpwl o ferfau llawn, yn y rhagacenion a'r prif acenion, i noethni cwrs y rhibidires o eiriogi uchod fe atgyfnerthir cynganeddiad sylwedd y mynegiant, yn ogystal ag amrywio'i undonedd. Dyma'r hyn a olygai Geraint Bowen wrth sôn 'am sylweddoli pwysigrwydd berf yn ei holl wahanol ffurfiau a'i chystrawennau' yng ngwead traethu cynganeddol:

Roedd anian *hardd* i'w einioes,
Yn driw i'w waith hyd yr oes
A *rodiai* a *charedig*
Heb y bai a *ddaliai ddig*,
Ei amynedd o'r mwynaf
O hyd fel bore o haf,
Ac mor llawn i'w nawn a'i nos
Yr *hedd* hygar *oedd* agos.

A dyma esiampl ychwanegol, allan o un o gywyddau unigryw'r Gymraeg, 'Marwnad Merch' gan Dafydd Nanmor, sy'n amlygu diben cynnwys clwstwr o ferfau rhededig mewn cyfatebiaethau cynganeddol o natur arbennig, sef yn yr achos hwn tynhau a chryfhau cystrawen y gynghanedd, rhan fawr o strwythur y galon, i adlewyrchu min a thrwch y galar a'r hiraeth ar ôl y ferch ymadawedig:

O *daearwyd* ei *deurudd*,
Mae'n llai'r gwrid *mewn* llawer grudd.

Och imi, pe marw chwemwy,
O *bydd* ei math mewn *bedd* mwy.
Och Dduw Tad, o *chuddiwyd hi*,
Nad *oeddwn* amdo *iddi.*
Och finnau, o *chaf* einioes,
Ei rhoi'n fud â rhaw yn f'oes.

Ond er ei bod yn wir iawn fod eisiau berf gystrawennol mewn cynghanedd yn fynych, clamp o gamgymeriad fyddai tybied, fel gyda'r eithriadau yn yr is-adran uchod, fod yr un peth yn wir am bob achos bob amser, gan fod yna rai ohonynt lle byddai ei chynnwys, neu o leiaf ei chynnwys nifer o weithiau, yn creu effaith anghelfyddydol ar natur arbennig y farddoniaeth, fel mewn un sy'n manylu ar rialtwch didor rhyw ddigwyddiad neu'i gilydd o gynnwrf, neu, i'r gwrthwyneb, yn ymwneud ag arafwch rhyw sefyllfa faith o anghyfnewidiol, dyweder. Un o'r enghreifftiau amlwg mewn barddoniaeth gaeth ddiweddar o fabwysiadu'r tac hwn o hepgor berfau i bwrpas artistig yw agoriad awdl arobryn Alan Llwyd, 'Gwanwyn', 1976, lle cyfleir yn drawiadol, dros chwe phennill pedair llinell o gywydd ag ond un berf rededig drwyddynt i gyd, holl undonedd milain tymor o aeaf hir:

Y fuches yn clafychu,
a'r tail cyn uched â'r tŷ;
egwan ei chorff wrth gnoi'i chil
heb lwnc iawn – blewyn cynnil.

Ebran y meirch yn brin mwy
a merlen heb ddim arlwy;
dôr gam y beudy ar gau,
a barrug ar 'sguboriau.

Hwrdd o wynt, wrth chwipio'r ddôr,
yn ubain drwy'r ysgubor,

a thrwy Fawrth a'i ryferthwy
da godro'n ymwingo mwy.

Yr ail agwedd ynglŷn â'r is-adran hon yw ffurfiant y frawddeg gywyddol ei hun. Fel y cyfeiriwyd yn y bennod gyntaf, y mae cyfyngu llif honno'n rhy hir neu aml o fewn cwmpas y cwpled o hyd yn siŵr o fynd i swnio'n ddiflas yn y diwedd, megis hirfaith rygnu ymlaen arni ar ddelw'r enghraifft ganlynol:

Y mae eira'n ymyrryd
Ar fasarn y garn i gyd,
Gwau yno'i dresi gwynion
Dros edau'r brigau o'r bron,
Ymestyn wedyn ei iâ
I rithio'r cyrrau eitha'.

Gyda gordraethu cypledol o'r frawddeg fel hyn, byddai dirwyn cwrs y dweud ymlaen, yn awr ac yn y man, dros ymylon diwedd un cwpled i gychwyn neu'r cyfan o'r nesaf yn fodd i dorri'n fywiocaol ar dempo hypnotig calon y darn, sef i ddangos sgubiad ehangder y lluwchfeydd a ddisgrifia:

Y mae eira'n ymyrryd
Ar fasarn *y garn i gyd*
I'w gwaelod, rhinio'i gwely
Â swyn o'r rhagoraf *sy*
I rithio'r cyrrau eitha'.

Dyma ddwy engraifft ychwanegol o'r cyfryw oferu cynganeddol, er mwyn gwerthfawrogi'n llawn yr hyblygrwydd pwrpasol a rydd y dechneg hon yn ei man a'i lle. Daw'r enghraifft gyntaf o waith John Hywyn, allan o'i awdl 'Creu', darn sy'n cyfleu graddol dyfiant y gynneddf etifeddol mewn baban ar ei dwf, a'r ail o gywydd 'Yr Aber' gan Ceri Wyn Jones, sy'n mynegi'r heddwch ysbryd a gaiff y bardd yn wastadol ar lan dymhestlog y môr:

> Mae'r genau er mor gynnar
> yn dal hadau geiriau gwâr,
> yn ardd o iaith *i ryddhau*
> *ein cof i'w gof*, yna gŵyr
> roi'n y sŵn ryw hen synnwyr.
>
> Ie, at y traeth af bob tro –
> *fe wn y caf i yno*
> *dawelwch yn y dilyw*,
> puraf oll pa arwaf yw.

Felly, dyma grynhoi dwy egwyddor y categori hwn. Yn llawer iawn mwy na heb, y mae cynnwys y gystrawen ferfol yn y canu caeth yn hanfodol, er cyflawni amcanion fel grymuso, clymu, amrywio, sefydlogi a thanlinellu'r mynegiant, eithr wedyn nac anghofier bod yn effro i alw cynnil yr eithriadau lleiafrifol o achlysurol yn hyn o beth chwaith yn eu tro. Ac y mae'r tac o oferu brawddeg y cwpled yn awr ac yn y man yn fodd effeithiol iawn i ystwytho'i rhediad, a hynny at ddiben creadigol fel rheol.

Atalnodi

Y mae atalnodi sensitif yn rhan hanfodol o greu barddoniaeth, un sy'n cydsymud gyda natur cwrs ei mynegiant. Hynny yw, mae'n fodd i hyrwyddo cyflwyniad union dymer honno ar y pryd, bob amser, i'r eithaf, ac o ganlyniad y mae atalnodi lletchwith yn torri ar draws hyn mewn o leiaf ddwy ffordd. I ddangos hynny dyma bennill bychan enghreifftiol lle mae'r ddau ffaeledd yn digwydd gyda'i gilydd:

> Trem ir, wen ar ei hennyd,
> Yn ara', bêr, daw i'r byd;

Un ias fer o eirlys fach
Yn gynnil 'does amgenach.

Yn gyntaf, fe geir plastar o oratalnodi trwm yn y cwpled cyntaf, gorddefnydd o'r coma sy'n arwain at gyfathrebu herciog o fyglyd, stacato yn rhythm y galon, sydd mor anghydnaws â thymer y cyflead o darddiad llyfn olau'r blodyn dan sylw. Byddai lleihau'r rhain i gadw un yn unig ar ddiwedd y llinell gyntaf yn fodd i gywiro'r diffyg. I ddilyn ymlaen, y mae'r hanner colon ar derfyn yr ail linell yn briodol ddigon, gan fod mater yr ail gwpled yn ddatblygiad nawsaidd ohoni. Eithr fel y saif ynddo'i hun y mae i hwnnw eto esiampl o atalnodi chwithig, y tro hwn tanatalnodi yw'r bwgan, bît gwag yng nghuriad y galon yn awr, gwendid sy'n dueddol o hyd o dynnu oddi wrth arwyddocâd cyfan y dweud lle bynnag y digwydd. I gywiro hyn, y mae angen coma ar ôl rhan gyntaf y llinell olaf, 'yn gynnil', er mwyn rhoi amlygrwydd i'w diwedd, ''does amgenach', sef cyflwyno pwyslais i awgrymu unigrywiaeth gwefr dymhorol y blodeuad bychan arbennig yma. Felly, o weithredu'r newidiadau uchod yn yr atalnodi byddai'r pennill yn darllen yn llawer mwy cydnaws â natur ei ddefnydd:

Trem ir wen ar ei hennyd,
Yn ara' bêr daw i'r byd;
Un ias fer o eirlys fach
Yn gynnil, 'does amgenach.

Ac i brofi mor greadigol bwysig yw'r broses o atalnodi cymwys, dyma enghraifft gyfewin o ysmudiadol ohoni ar waith allan o gywydd marwnad enwog Gwenallt i T. Gwynn Jones:

. . . Y gwibdan is amrannau
A fu, ef a ddarfu wau;
Ei ysgwydd yn gogwyddo,
Gwyrodd, gwargrymodd i'r gro,

Piler o gorff a dderyw,
Uchelwr, isel ŵr yw.

Mae'r coma ar ôl rhan gyntaf yr ail linell, 'a fu', yn fodd i ddynodi'r gwahaniaeth dirfawr rhwng y fflach a oedd yn llygaid y bardd mewn bywyd a'r absenoldeb ohoni mewn marwolaeth; yr hanner colon drachefn ar ddiwedd y cwpled yn cyflwyno'r nifer o gyfnewidiadau dilynol eraill yn ei sgil, gyda phob coma yn y dilyniant hwnnw eto'n foddau i ddynodi'r dirywiad graddol yn ei osgo uchelwrol i'r iselder anorfod olaf, model awgrymus o atalnodi cywyddol.

CYFANSODDIAD

MAE'R TERM 'CYFANSODDIAD' yn cynrychioli personoliaeth y cywydd fel petai, hynny yw, natur ei feddwl a'i anianawd o'i fôn i'w frig, tymer ei wneuthuriad o'i wraidd drwyddo, mewn gair egwyddorion gwead ei holl ymwybod a'i ysbryd fel creadigaeth farddol.

Gweledigaeth

Dyma hanfod corff ac enaid pob cerdd o bwys, ni waeth beth bynnag fo'i mesur, beth bynnag ei ffurf. Y gwelediad sylfaenol hwn yw cnewyllyn ystyr ei chraidd, ac o'r herwydd gorau oll pa mor ddiffuant, a pha mor feddylgar o brofiadus bendant glir hefyd, y bo'i sylwedd. Gan hynny, dyma'r egwyddor fawr gudd sydd wrth wraidd unrhyw gywydd o arwyddocâd a luniwyd erioed, ac a nyddir byth. Yn wir, hyn sy'n penderfynu ei ansawdd feddyliol a'i ansawdd awenyddol o'r dechrau. Mewn gair, y mae'n amhosibl creu cywydd o unrhyw werth gyda chymhelliad llegach i'w waelod, gan mai'r weledigaeth gychwynnol yma yw tarddell pob ysbrydoliaeth. Nid oes gobaith i wir fwrlwm cân godi'n gyson o ffynhonnell wantan.

Felly, sut yn union y mae gofalu fod y bywyn gwreiddiol hwn o safon gymeradwy? Mewn gwirionedd, yn y sail eithaf un, nid mater o ddyfeisio neu o gynhyrchu mecanyddol ar y funud mo hyn o gwbwl. Yn hytrach, ffrwyth dwfn a hir fyfyrdod y bardd ydyw fynychaf, un a waelododd yn ei isymwybod, ac felly o'r ffrwythlondeb anwel yma y tyn ei weledigaeth greadigol; mewn gair, y mae'n un o'i sentimentau sylfaenol am fyd a bywyd, ffaith sy'n sicrhau fod yna sylwedd o'r iawn ryw i'w bodolaeth. Mewn gair, ffrwyth hir fyfyr ar arwyddocâd rhyw olygwedd brofiadus neu'i gilydd mewn bywyd, neu brofiad ymarferol ynddo, yw cnewyllyn pob gweledigaeth o werth yn ddieithriad. Golyga hyn na fedr neb hyfforddi bardd sut yn union i grynhoi clwstwr o weledigaethau delfrydol at ei ddefnydd. Gweithred gaeth o artiffisial fyddai honno, oblegid drosto'i hun yn unig o'i rawd fyfyriol drwy fyw a bod y gall ffurfio'r rheini. O bryd i'w gilydd fe glywir beirniaid cystadlaethau barddoniaeth yn dweud i'r bardd gael gweledigaeth wych ar ei destun, ei *chael* sylwer, sef derbyn ei sylwedd yn ôl wedi adegau o fyfyrio dwys, yn dilyn rhyw fath arbennig o brofiad, i'w sylfaenu yn nhrwch ei feddwl yn y lle cyntaf. Nid ffusto rhyw lun neu'i gilydd o syniadaeth ynghyd yn noeth â'i ymennydd ar fyrder o gwbwl, gan mai dyna'r adeg y mae'r beirniaid debycaf o nodi na chafodd yr awdur ganfyddiad o fawr werth ar ei bwnc. Felly, dyna'r llinyn mesur: os teimla'r bardd yn awenus reddfol o'r dechrau un fod ganddo ddeunydd eglur bersonol o aeddfedrwydd i'w ddweud ar ei fater, hynny yw, fod gwir awydd canu arno, yna gall fod yn bur ffyddiog y bydd hynny'n cymryd gofal go ddibynadwy am ansawdd ei gerdd yn gyfan, am y golyga y bydd yna rym ysbrydoliaeth y tu ôl iddo i'w gario i binacl ei gyrchfan.

Ond y mae digon o enghreifftiau mewn bodolaeth, yn enwedig ymysg cywyddau cystadleuol ran amlaf, lle na ddilynwyd fawr ddim o'r egwyddor hon gan eu hawduron, a chynorthwyol yn y fan yma fyddai ymdrin gydag ychydig fanylder ag un esiampl lle'r ymdeimlir â hyn yn reit blaen, sef 'Clawdd Offa' gan Richard Hughes, Glanconwy, cywydd arobryn Prifwyl 1945, er mwyn olrhain y ffordd a gymerwyd, a hefyd y canlyniadau a ddeilliodd o hynny. Cynnyrch yw hwn lle nad oes yr un weledigaeth ganfyddadwy gyda neges bendant ynddo i'w glymu ynghyd drwyddo draw. Yn hytrach, yr hyn a geir drwy'r rhan helaethaf ohono, o ddigon, yw mydryddu hanes drwy ganolbwyntio ar hen agweddau cyfarwydd, rhagweladwy ar y Clawdd yn bur ddi-baid, fel y difrod a'r trais a oedd yn gymaint rhan ohono, er enghraifft, yn un peth. Sylwer ar yr anghysondeb di-wefr yr arweinia'r math yma o feddwl ato: yr unig gyffyrddiad o beth cyffro a geir yn y darn canlynol, er enghraifft, yw'r cwpled cyntaf. Fflat iawn yw'r gweddill ohono, fel petai'r bardd wedi digwydd taro ar rywbeth o naws dynnach na'i gilydd, ac yna'n suddo'n ôl i'r llacrwydd arferol o gyfathrebu:

Bu unwaith ar y bannau,
Sŵn cyrch, a'r ddunos yn cau,
Anturiaeth dydd y taro,
A'i frys yn difwyno'r fro
A'r hen glawdd yn herio'n gwlad
Hyd y goror digariad.

Yr hyn a olrheiniwyd yn draethodol ac yn rhyddieithol braidd, at ei gilydd, oedd yr hen elyniaeth anghymodlon honno gynt a fu'n bennaf cyfrifol am godi'r gwrthglawdd hwn ar diriogaeth y ffin. Ni ellir creu barddoniaeth o ruddin cyfansoddiad gyda'r fath ystrydebedd gwelediad â hyn. Yn wir, ei ganlyniad anochel yn ddieithriad yw mynegiant di-ffrwt o eildwym yn ei gyfanrwydd, fwy neu lai. 'Does ryfedd i'r beirniad, Gwenallt, betruso cryn dipyn cyn gwobrwyo'r cywydd yma, yn bennaf oherwydd ei ddiffyg cysondeb ansawdd, a hynny ar destun, yn y fan hon, a ofynnai am ganfyddiad llawer iawn mwy anarferol o gyffrous. Gellir teimlo teneurwydd yr un anghysondeb eto'n cyniwair drwy'r pennill isod ar yn ail â llinellau mwy swmpus eu deunydd: difethir addewid sylwedd y llinell gyntaf, y drydedd a'r bedwaredd, ynghyd â'r chweched, gan gyffredinedd siomedig y lleill i gyd, yr un broses o bendilio rhwng yr ambell fflach achlysurol a'r arferoldeb tila o ddiweledediad:

Daliai'i guwch ar genedl gaeth,
Di-wg ni bu cymdogaeth,
Ei drum hir fu'n daldir du
Y gynnen sy'n gwahanu;
Ni roed gras i'w gaer di-gryn (*sic*),
Gwae'r diarfog ar derfyn:
A chyn y cyrchai yno
Wên brawd, fe ddiflannai bro.

Yn awr, trown at gywydd sy'n gynnyrch gweledigaeth bersonol o'r iawn ryw, 'Gwenllian' gan Gerallt Lloyd Owen, sef golygwedd ynglŷn â'n sefyllfa oesol fel cenedl: y ffaith fod y dyheadau a gydoesai â'r gorthrwm a ddioddefodd y genedl gynt yn parhau i gydfodoli yr un mor fyw â'i gilydd yn ein plith heddiw, yr un gormes yn dal i wasgu ond y breuddwyd hefyd yn dal i gymell fel ag erioed. Roedd yna fôn o botensial am gywydd o galibr gwefreiddiol gyson mewn gweledigaeth bwerus o'r fath, cadernid cyfansoddiad, ac, fel sy'n digwydd fynychaf gyda sylfeini o'r fath, fe'i cafwyd. Ymdeimler am funud ag angerdd di-fwlch y dyfyniad dilynol sy'n crynhoi'r trasiedi ynghylch marwolaeth y dywysoges Gwenllian ger Cydweli wrth arwain gwŷr y Deheubarth yn erbyn y Normaniaid ym 1136, ynghyd â pharhad cyfoes ei huchelgais o hyd ymysg y Cymry:

Y mae'r cof am wraig hefyd
a'i hangau hi'n dwyn ynghyd

ein doeau oll i un dydd,
a'i breuddwyd o'r boreddydd
yr un o hyd â'r hyn oedd –
Cymraes yn camu'r oesoedd.

Ac eto'r pennill hwn sy'n anogaeth mor galongywir i'r genedl bresennol ddal ymlaen i weithredu awyddfryd mawr ei hen arwres, gweledigaeth gron o ymrwymiad fel hyn sy'n cynhyrchu barddoniaeth ag ansawdd cyson o argyhoeddiad:

Hawliwn y tŷ, mynnu'n man
law yn llaw â Gwenllian.
Byddwn nerth i'w byddin hi
a'n holl hil yn lleoli
ei henfaes hi yn faes her –
un Wenllian yn llawer.

A chan bwysiced yw'r egwyddor hon gadawer inni barhau am funud gyda chyfeiriad at gywydd enghreifftiol arall, ac un cwbwl unigryw at hynny, i ddangos pa mor anhepgor yw gweledigaeth solet at hyrwyddo madruddyn o sylwedd mewn barddoniaeth, sef 'Y Tŵr a'r Graig', cywydd deuddeg caniad Waldo Williams. Cyflead o gredo Waldo ynghylch goroesiad brawdoliaeth dynion yn erbyn haerllugrwydd pob gormes a thrais yw deunydd hwn. Mae'n wir mai'r hyn a'i cymhellodd yn y lle cyntaf oedd y bwriad ynglŷn â Gorfodaeth Filwrol ym 1938, ond yr ysbrydoliaeth wydn o gronfa gweledigaeth y bardd a roes iddo'i arbenigrwydd, a pheri i'w awdur weld dau dirnod o'i fro'n symbolau cyferbyniol, sef Castell y Garn fel arwydd o ryfel a gorthrwm a'r graig ar Fynydd Tre-Wman fel symbol o heddwch a gwareiddiad gwerin byd. Y ffynhonnell ddirgel yma sy'n gyfrifol am atgasedd a dirmyg y bardd at yr hyn a gynrychiolir gan y tŵr:

Gyr glaw ar y garreg lom.
Yn ei sgil fel nas gwelom

Daw'r trais a'i gwad i'w adeg
O'r tŵr tost ar y tir teg
Lle trig dychweledigion
Hil a thras i hawlio'u thrôn.
Cwyd o'r tŵr, tra cydir tid,
Arwyddair "Hedd a Rhyddid"
Gan y gwŷr a'n dygai'n gaeth
Ym mrwydr eu hymerodraeth.

A dyna hefyd sydd wrth sylfaen ei ffydd a'i gariad yn yr hyn a gynrychiolai'r graig:

Peidiai rhyfel a'i helynt,
Peidiai'r gwae o'r pedwar gwynt
Pe rhannem hap yr unawr,
Awyr las a daear lawr.
Oer angen ni ddôi rhyngom
Na rhwyg yr hen ragor rhôm
Pe baem yn deulu, pob un,
Pawb yn ymgeledd pobun . . .

Felly, y mae yna egwyddor arhosol gyffrous i bob cywyddwr sydd o ddifrif ynglŷn â'i waith yn yr hyn a bwysleisir ac a enghreifftir uchod, sef sicrhau'n llwyr, cyhyd ag y bo modd, fod ganddo rywbeth gwerth chweil i'w ddweud ar ei destun cyn dechrau ar y dasg; hynny yw, fod ganddo ryw thema, rhyw neges neu'i gilydd, o swmp i'w throsglwyddo, a gweledigaeth onest, bersonol a all ei gynnal drwy'r broses o greu'r cywydd.

Profiad

Mae'n siŵr o fod yn wir i ddweud fod profiad cyfewin bersonol o'i bwnc yn fantais sylweddol i fardd wrth gyfansoddi, fel y crybwyllwyd yn yr is-adran uchod, yn yr ystyr fod gan y fath ffynhonnell y gallu a'r deunydd parod wrth law i'w lawn gynorthwyo wrth iddo lunio'i gywydd. Yn wir, ar adegau o'r fath mae'r stôr yma, ar dro, fel petai'n awgrymu sylweddau iddo yn ystod y broses o greu. Mewn ffordd gellir dweud ei bod yn rhyw gydfarddoni ag ef ar gil ei ymwybyddiaeth, yn rhoi iddo gynigion nas câi fyth bythoedd drwy gyfrwng ei ddeallusrwydd ei hunan yn unig. Yn wir, sobor o afrwydd sychlyd fyddai'r modd hwnnw yn ei ffordd o weithio, ac yn dilyn felly ansawdd anochel y cynnyrch o'i gymharu â llyfnder creadigol y llall, dull y medrir ei gyffelybu i rythm peiriant gyda chyflenwad da o olew yn ei fecanwaith, tra swnia'r broses arall yn bur debyg i injian heb fawr o iraid i'w throi. Ac fel y mae cyflawnder olew'n iro'r gêr a'r cogiau cysylltiol ar eu rhediad, felly hefyd y mae gwaddol o brofiad gydag asio barddoniaeth ynghyd yn hybu gweithgarwch y dychymyg, canys, wedi'r cyfan, nid gwaith sylfaenol hwnnw yw cynhyrchu neu ddyfeisio deunyddiau o'i ben a'i bastwn ei hunan, eithr yn hytrach cyfoethogi deunydd iraidd o grai sy'n barod iddo ymlaen llaw ar gyfer hynny.

I ddechrau ymhelaethu ar yr hyn a olyga'r egwyddor yma, trown at gywydd 'Sir y Fflint' gan Elis Aethwy, un a gafodd gyfran o'r wobr yn unig yng Ngŵyl 1969, lle nad oes fawr dystiolaeth o bresenoldeb yr elfen uchod ar waith. 'Y tir tua chodiad haul' yw'r Fflint i'r bardd, llinell orau'r gwaith, ac er bod ambell gwpled digon crefftus yn brigo hwnt ac yma ynddo, ni theimlir y naws ddihamheuol honno a gyfyd o wir storfa'r profiad awenyddol yn unman yn y cywydd. Gan hynny yr hyn a geir ynddo yw anian catalogio cyson ar wahanol rinweddau'r sir mewn arddull glodforus, didwyll ddigon yn ddiau ond yn gwbwl brin o'r agosatrwydd cyfriniol wreiddiol hwnnw sy'n briod nodwedd barddoniaeth o'r radd flaenaf yn wastadol. Dyna hefyd sydd wrth wraidd sylwadau'r beirniad, Gwilym R. Jones, ar yr ymgais: 'Dylai cystadleuydd am wobr . . . yn yr Eisteddfod Genedlaethol ymgroesi rhag mynegi syniadau ac ymadroddion – a bathu cynganeddion – eildwym'. Dyna ganlyniad diffyg gwir adnabyddiaeth calon, diffyg profiad digonol, o unrhyw destun cerdd bob amser, ac felly ceir yn y cywydd yma y cynganeddu stoc o draethodol a rhyddieithol hawdd ei adnabod:

Mae'r saint fu'n rym i'r seintwar?
Yn Nercwys, dan gwys clog âr,
Hydre' wynt yrr i'w hoer drig
Soned hiraeth sain Terrig.
Yn eu hungell dan hengoed
'Anwes' cun llan Is-y-coed
Os isel dwsmel y dail
Ery chwa clych Marchwïail.

Ac eto dyma'r un nodyn amhersonol o ddisgwyliadwy i'w deimlo:

Daniel difefl o'r Dreflan
Ruglai iaith Yr Wyddgrug lân:
Â'i raen teilwriai honno;
Byw i'w wlad yw ei bobl o.
Eilun nobl gan y bobloedd,
Arab ŵr, dihareb oedd.

Yn awr trown at agwedd arall ar yr egwyddor hon, sef yr hyn a elwir yn brydyddu gydag ymestyniad o brofiad, un a greir i bob pwrpas gan feddylwaith y dychymyg yn llwyr. Y mae modd i fardd gydweithio'n bur hwylus gyda'r math yma o brofiad weithiau, yn yr ystyr o dderbyn ysbrydoliaeth ohono, sef y gynneddf honno a feithrinir gyda'r dull yma drwy fyfyrio'n hir a dwys ar ryw agweddau neu'i gilydd ar fywyd nad ydynt o angenrheidrwydd yn brofiad personol iddo. Ond wedyn, er llwyddo ohono efallai i wneud hynny ar y cyfan yn gymharol lwyddiannus i bob golwg, eilydd, mewn gwirionedd, yw'r cyfryw broses i'r profiad manwl bersonol ac argyhoeddiadol ei hunan. Gyda'r eilydd yn wastadol, er mor llwyr yr ymddengys i'r bardd ei dreulio'n unwe unglwm â'i naturiaeth wreiddiol ei hun, ni fydd y darllenydd yn hir cyn synhwyro, rhwng y llinellau ac mewn rhyw giliau cyfrin hwnt ac yma, mai mater ail-law a gyflwynir wedi'r cwbwl.

Fel enghraifft o'r broses yma ar waith, fe'i ceir i gryn raddau ym mater cywydd arobryn Prifwyl 1965, 'Y Gwyddonydd' gan Edwin Brandt. Yn hwn teimlir i'r awdur ymgydnabod yn bur drylwyr â natur gwaith y Gwyddonydd, ynghyd ag effeithiau drwg neu lesol y gwaith hwnnw. Dyma enghraifft o'r agwedd ddistrywgar hon ar waith y gwyddonydd, sef y darn sy'n ymdrin â dinistr y bom atomig yn Hiroshima yn Awst 1945, a lledaeniad y cwmwl Strontiwm 90 yn ei sgil:

Hawdd ei ofni, a'i ddefnydd
Yn y ddu gad yn lladd gwŷdd.
Diddim oedd Hiroshima,
Oer lwch oedd ar ôl y chwa,
Hir ofid a chambrifiant,
Egin pla cyn geni plant.
Beichiau o fomiau di-fudd
A wna lid rhwng y gwledydd;
A chawn y llwch yn y llaeth,
Gwenwyn mewn meddyginiaeth . . .

Ac o bryd i'w gilydd ceir mawl i'r Gwyddonydd yn ogystal, yn y modd y mae'n datblygu amaethu o natur elfennol yn rhai o wledydd y Trydydd Byd, er enghraifft:

Wele'n dod at dywod dôl
Gyfarwyddwr gwefreiddiol.
Myn nitrad, ffosffad, a ffos
Neu ddorau yn ddiaros;
Daw cysur wrth lafurio
I'r hen griw, a chroen i'w gro.
Lle bu traul trwy haul a heth,

Codir cnwd ir yn doreth,
A'i raen byth ar werin bell
Fel gem yn dyfal gymeli.

Eithr fel sy'n digwydd yn amlach na pheidio ynddo hefyd, fe ddoir ar draws darnau lle nad yw cymalau'r ymgymathu mor ddi-wrym o bell ffordd â llyfnder creadigol y lleill, arwydd mai dieithryn yn y bôn eithaf i'w bwnc mabwysiedig yw'r awdur wedi'r cwbwl, diffyg a drosglwyddir drwy linellau a chwpledi annheilwng o safon y cywyddwr ar ei orau, fel y darn isod sy'n cyfeirio at gyfraniad y Gwyddonydd i effeithlonrwydd meddyginiaeth, ac sy'n amlygu yn y pen draw nad oes eilydd dan haul ar gyfer barddoniaeth i brofiad llygad a llaw y bardd ei hun:

I'r afiach ei arbrofion
Sy'n hel draw fraw dan ei fron;
I'n sylw daeth penisilin,
Neu fwyta maeth fitamîn;
Daw'r meddyg gyda'r moddion,
O guro llid, yn gawr llon,
Ar ferch hardd ni ddaw'r frech wen
I roi ôl yn lle'r heulwn;
Na haint y gwddf ar blant gallt,
Gan oeri hogyn eurwallt . . .

Ac yn awr at gywydd sy'n dangos pa mor ddigamsyniol, yn wir hanfodol, yw profiad personol mewn barddoniaeth sy'n argyhoeddi, sef cywydd buddugol Eisteddfod 1959, 'Y Bae' gan Alun Cilie, sy'n adlewyrchu adnabyddiaeth drylwyr yr awdur o amgylchfyd, cymdeithas a hanes ei fater: glannau a thraethau de Ceredigion. Wrth ddarllen hwn, fe dâl sylweddoli na allai neb ddelweddu'r môr yn torri ar graig mor unigryw iasol o agos-atom ond y sawl a fu'n gwrando ac yn gwylio'r môr filwaith:

. . . Ei rwn cryg draw'n y creigiau
A'i regfeydd drwy'r ogofâu,
A rhwyfus ruthr ei hoywfeirch
A chwyrn fâr dychryn ei feirch,
Arswydus, garlamus lu
Ar ei war yn gweryru.
Ei wenyg erch yn eu gwyn
Yn ymarllwys i'r Morllyn,
A'i rym mawr yn chwarae mig
Yn y cyrrau drwy'r cerrig.

Ni allai neb ychwaith alw i gof mor wirioneddol fyw yr hen amaethwyr gynt yn cyfarfod â'r llong galch a ddôi i angori ger yr odyn yng nghilfach Cwmtydu:

I'w si heno nis swynir
I aros trai'n rhestrau hir,
A chad o geffylau chwyrn,
Hydwyth eu cyrff a chedyrn
Tan eu llwyth yn dadlwytho
Ac aruthr eu rhuthr ar ro.

Na, mae'n talu i'w ail a'i drydydd bwysleisio, hyd yn oed: nid oes dim byd tebyg i brofiad llygad a llaw!

Ac felly y bu drwy'r oesoedd hefyd. Dyna'r safbwynt a oedd gan Thomas Parry mewn golwg wrth gyfeirio at berthynas ddiwnïad Dafydd ap Gwilym â miraglau natur: 'Bron na ellir dywedyd mai'r unig dro y cân ef o ddifrif yw pan gân i Natur; o ddifrif yn yr ystyr ei fod yn canu rhywbeth sy'n wir brofiad iddo, nid yn ddefod lenyddol ei oes yn unig'. Dyna sydd i gyfrif am gyflead llifeiriol gynhyrfus Dafydd yn ddieithriad o'i hoff bwnc, fel petai presenoldeb ei brofiad angerddol ohono bron iawn yn gwau rhuthr yr argraffiadau ar ei ran yn un casgliad ysgubol o lafargan:

Pan ddêl ar ôl rhyfel rhew,
Pill doldir, y pall deildew,
Gleision fydd, mau grefydd grill,
Llwybrau Mai yn lle Ebrill –
Y daw ar uchaf flaen dâr
Caniadau cywion adar;
A chog ar fan pob rhandir,
A chethlydd, a hoywddydd hir;
A niwl gwyn yn ôl y gwynt
Yn diffryd canol dyffrynt;
Ac wybren loyw hoyw brynhawn
Fydd, a glwyswydd a glaswawn . . .

('Mis Mai a Mis Ionawr')

Dau flaguryn o'r un gwreiddyn yw Gweledigaeth a Phrofiad, neu a'i roi fel arall, cnewyllyn yr had yw'r Weledigaeth a'r cnwd yw'r Profiad. Yng nghraidd y cyntaf y dirgryna'r rhith ddi-ffurf honno fel sbarduniad i ddechrau creu, eithr o grynhoad yr ail y daw'r gynhaliaeth ymarferol i wau'r greadigaeth ynghyd yn gyfanwaith o ffurf ac o gynnwys, llawnder cyfansoddiad.

Unoliaeth

Term arall am gyfanwaith yw hwn, cynllunwaith creadigol y meddwl barddonol cyfewin, egwyddor sy'n hanfodol i'w gweithredu wrth drefnu strwythur unrhyw gerdd, hynny yw, sicrhau bod iddi batrymiad canfyddadwy o gychwyniad, canol a diwedd o fewn ei chyfanrwydd. Fel mae'n digwydd, gellir amlygu'r crynoder o ragoriaeth a gynhyrchir o ddilyn y rheidrwydd yma, yn ogystal â'r llacrwydd o ddiffyg a gyfyd o'i ddiystyru, drwy gyferbynnu adeiladwaith y ddau gywydd i Forgannwg y rhannwyd y wobr rhyngddynt, gan Euros Bowen, ym Mhrifwyl 1956, sef cywyddau Stafford Thomas, Penmaen-mawr, a T. Llew Jones.

Dechreuwn gyda'r cywydd cyntaf, cywydd catalogaidd hirfaith o ddibatrwm. Fe geisiodd yr awdur sefydlu rhyw fath o gynllun ar ddelw cyferbyniad rhwng glendid y Forgannwg a fu gynt a llygredd y Forgannwg ddiwydiannol, ond chwalodd yr amcan yn gawdel di-lun o ymrestru gynnwys y cyfan oll a wyddai am gefndir hanesyddol a chyfoes Morgannwg, manylu'n ddibaid ar ffeithiau o gyfnod y Normaniaid, ymlaen drwy amser Dafydd ap Gwilym ac Iolo Morganwg, i oes y pyllau glo gan hir droi gyda'u peryglon, caledi, streiciau a'u diwylliant, ac i gloi'r cwbwl dychwelyd eilwaith, am yn agos i ddeugain llinell arall, i restru eto fyth yr agweddau hynny ar swyn y gorffennol sy'n dal i aros mewn llecynnau adnabyddus o'r Sir. Gyda'r fath bentyrru ar fanylion nid oedd dim i'w ddisgwyl ond cywydd cwbwl ddigynllun, anwastad o ran safon:

Bu'r Norman a'i dân yn dod,
A'i wefr, a'i sydyn ddifrod;
Torri fforest i'w gestyll;
I'w gaer, trwy ganol ei gwyll;
Y Norman a'i dân trwy'r De,
Yn elyn tost anaele . . .
A dug o Ffrainc gainc mor gu,
A chwedlau drwy warchodlu . . .

I waered â gwaredwyr;
Mentro nwy mae' hwy ger mur
Y 'Cwymp', a phump ger y Ffas
Ar lonydd yr Alanas;
Rhaid agor pob dôr, a dwyn
Y gwan o dir y gwenwyn
Wna'r achubwyr, a cheibio,
A rhoi ffun i wŷr ar ffo.

Felly, nid oes modd camsynied y ddwy agwedd gamweddus sy'n hydreiddio'r ddau ddyfyniad yna, yr hyn a wneir yn waeth o gofio'r un pryd eu bod hefyd yn hydreiddio'r gweddill o'r cywydd: yn gyntaf, natur groniclaidd flinderus y dweud; yn ail, y darnau anwastad o eiddil eu hansawdd sy'n codi hwnt ac yma yng nghanol arddull achlysurol o well graen.

Trown at yr ail gywydd sy'n waith o grefft, ac yn wir, at ei gilydd, o gelfyddyd, yn organaidd felly, yn yr ystyr fod iddo unoliaeth gywrain gynnil sy'n ymddirwyn drwyddo. Agorir gyda'r honiad dychmygol i'r awdur gael ei eni yn un o gymoedd glofaol Morgannwg, ac eir ymlaen i roi braslun cryno o harddwch Cymreig ei henfro yn y gorffennol. Lluniwyd y canol gyda disgrifiad disgybledig o ddyfodiad swnllyd lychlyd y gwaith glo i'r ardal, ond gan gydnabod hefyd yr holl ddygnwch a dewrder a ddeilliodd o hynny. Ac fe dynnir y rhan olaf ynghyd drwy gyferbynnu'r ddwyran, un o ddüwch a'r llall o brydferthwch, sy'n dal i fodoli o fewn Morgannwg, gyda'r bardd yn pleidio'i deyrngarwch i gwm myglyd ei febyd. Dyna enghraifft drawiadol o'r meddwl cynllungar ar waith gyda strwythuro cywydd, unoliaeth grefftus yn arwain yn reddfol at wastadrwydd uchel o drosglwyddiad ar ei hyd:

Bu ym mron ei thir mirain
Fythynnod liw ôd ar lain,
A thoeau gwellt prydferth gynt
Yn nawdd rhag yr hin iddynt . . .

Aeth llwch i'r perthi llachar
A'r haen ddu dros fronnydd âr.
Yma ni ddychwel tramwy
Na sŵn ffraeth hwsmonaeth mwy . . .

Rhydd dyn wrth gerdded yno
Ei dirion fryd i'r Wen Fro,
Ond i mi bro lludw a mwg
Yw'r geinaf ym Morgannwg,

Lle mae clytwaith gymdeithas
A gwyrthiol hil y Graith Las.

Ar sail yr egwyddor dan sylw, yn bennaf dim, ni ddylid bod wedi rhannu'r wobr yng ngornest cywydd 1956 mewn unrhyw ffordd! Mor glir y gwelir, fel y teimlir hefyd, y gwahaniaeth safon sydd rhyngddynt yn y cyfuniad o gynlluniad ac ansawdd yn ymglymu'n ddi-grych â'i gilydd drwy gydol y tri phennill cynrychioliadol, a ddyfynnwyd, o undod teiran yr ail gywydd, rhyw ymdeimlad fel petai'r cymhendod mirain yma, sy'n gelfyddyd ynddo'i hun o ran hynny, yn esgor ar gysondeb safon, nes cynhyrchu cyfanwaith sy'n canu'n gynlluniol.

Y mae i bob cywydd o ragoriaeth yr unoli asiol yma fel un o'i elfennau strwythurol, ynghyd wedyn â'i efell o reoleidd-dra ansawdd wrth gwrs. Gan hynny, i brofi'r gosodiad, dewiswn un arall, ar drawiad megis, sy'n meddu ar y cyfryw ddwbwl gyplysiad: 'Torri Coed Aber Iâ' gan Twm Morys, cywydd yn gresynu at y distryw a wnaed ar goedwig y fangre. Ffurfiwyd y rhan agoriadol yn gymen gan gŵyn yr awdur am dynged y cyll a'r bedw a'r lleill i gyd at wahanol ddefnydd cyfleus megis gwneud dodrefn a drysau, ynghyd â'r siars i'w cadw oll mewn cof fel yr oeddent yng ngogoniant eu twf:

Cadwn y coed yn y co',
a'u brigau heb eu rhwygo,
cadw brig Coed Aber Iâ
a'i irddail ar eu hardda' . . .

Wedyn, crewyd unoliaeth yn yr eilran ganol gan ddisgrifiad cyhuddol o'r sawl a gyflawnodd yr anfadwaith yma:

Daeth dyn bwyell i'r gelli,
ac i'r llwyn daeth gŵr â lli',
llofrudd hen bebyll hyfryd
y dryw bach ac adar byd . . .

Ac fe orffennwyd drwy ddelwedd wresog o awydd rhai o drigolion pedeirtroed y goedwig i weithredu dial am ddistrywio'u cynefin:

> Ryw noson, y tro nesa'
> y daw'r brawd drwy Aber iâ,
> o'r llwyn, yn feindrwyn, fandroed,
> daw'r rhain i'w frathu'n ei droed.

Cywydd arall o ddestlusrwydd artistig wedi ei ieuo wrth awen safonol.

Ac i grynhoi: proses feddyliol o ragdrefnu ffamwaith ymhell cyn cychwyn ar yr un llinell o farddoniaeth yw ffurfio sgaffaldiau cerdd. Dylai'r cyfryw gynllun fod yn fyw o glir ym meddwl y bardd yn y cynddechreuad yn deg, yn barod at y gwaith o godi'r adeilad fesul cam syniadol o hyd gyda'i linellau a'i benillion o'r sylfaen i frig y to. Yn absenoldeb y rhagbaratoi cyfewin hwn, ni cheir dim ond anhrefn o gysylltu defnyddiau ynghyd rywsut rywfodd, heb arlliw o'r safon bensaernïol honno a ddisgwylir mewn celfyddyd fwriadus o natur barddoniaeth, mewn gair aflerwch o gyfansoddiad.

Cynildeb

Gellir, ar un olwg, addasu llinell ysbrydoledig Waldo, 'cael neuadd fawr rhwng cyfyng furiau', i ddisgrifio mesur y cywydd yntau, mesur sy'n hawlio mynegiant gyda'r mwyaf cynnil o bellgyrhaeddol, ac felly mesur nad yw'n dygymod yn rhwydd o gwbwl â geiriogrwydd. Y tro yma dangosir y modd i grefftus gyfuno'r gofyniad hwn a'r rhinweddau a dardd o hynny, yn ogystal ag anghyflawniad di-grefft y gwrthwyneb ynghyd â'i ffaeleddau yntau, drwy gyferbynnu tymer dau gywydd penodol i elfennau nodweddiadol tymor y Gaeaf, un o waith y bardd gwlad, Einion Jones, Cerrigydrudion, a'r llall gan Eirian Davies.

Fel arfer dechreuwn gyda'r enghraifft ffaeleddus, y cyntaf uchod sy'n gyflead atgofus o eira mawr 1947. Roedd yna addewid am gywydd o gryn galibr mewn deunydd fel hyn, yn enwedig gan mai amaethwr profiadol a'i cyflwynai, ond yn rhyfedd o anffodus yr hyn a gaed, dros ran helaeth ohono, oedd disgrifiad ailadroddus amleiriog o wasgarog o oerfel diatal ddifrodus y dwyreinwynt a'i eira, ac mae'r un duedd braidd i gynnwys y gweddill yn ogystal: y rhyddhad mewn cysgod aelwyd ar y fath ryferthwy, rhuthr ysgubol y meiriol a throad y tywydd yn y diwedd. Y cyfan gyda'i gilydd yn esiampl o botensial mater profiadus, deunydd fel rheol sy'n sylfaen i farddoniaeth drydanol, yn siomi darllenydd y tro hwn gyda'i arddull a'i gyfansoddiad chwaledig. Dyma gwpwl o enghreifftiau o'r darluniad cyntaf yn unig i enghreifftio'r hyn a feddylir:

Ionawr a blin ddwyreinwynt,
Heth oer hin a ddaeth ar hynt . . .

Diatal hynt y gwyntoedd;
Oer a blin eu rhu a'u bloedd . . .

Cwyn y gwynt ar hynt yn hel
Y lluwch ar grinell uchel . . .

Haearnaidd Mawrth a'i oerni,
O greigiau rhwth, garw ei gri . . .

Mae yna ddeubeth i sylwi ar y cynrychioliad o ddyfyniadau hyn: anghrefft y parhad o draethu annarbodus ar fferdod yr hin a'r meinwynt byth a hefyd, a hynny wedyn, fel y gwelwyd yn yr adran ar anghynllunwaith uchod, yn anorfod arwain at gyffredinedd mynegiant. Edrycher ar yr arferiad gorgyson ar yr un geiriau o hyd yn yr un cyd-destun: 'oer', 'blin', 'hynt', 'gwynt', a 'gwyntoedd'. Ac yna hen gyfatebiaethau a thrawiadau'r cynganeddion: '*Oer* a *blin* eu *rhu* a'u *bloedd*', 'Y *lluwch* ar grine*ll uchel*', '*Haearnaidd* Mawrth a'i *oerni*'. Enghraifft eto o un gwendid sylfaenol o anghrefftus yn anosgoadwy gynhyrchu un perthnasol arall o gyffelyb anian, gyda gwers eglur i beidio â dilyn llwybr tebyg ar yr un cyfrif.

Ac ar hyn yna, trown at yr ail gywydd sy'n fodel o'r crynoder eithaf, gyda thaclusrwydd arddull yn esgor ar gelfyddyd mynegiant. Delweddir y cyfan o arweddau'r heth gyda thwtrwydd manwl sy'n agos gyfleu holl finiogrwydd ei wahanol elfennau hyd arwyddion ei ryddhau gydag ymddangosiad gwanwynol yr eirlys. Chwe phennill pedair llinell yw'r gwaith i gyd, ac eto'n gyflwyniad cyflawn o anianawd y gaeaf:

Noeth eu brig yw perthi bro
A hin blwng yn eu blingo . . .

Daw'r storm, fel ymherodr stad,
A naws ing yn ei sangiad . . .

Uchod mae'r buchod bychain
Wrth fwlch yn llygadrwth fain . . .

Cwyd cyson fref y defaid
Yn sŵn hir o'r bensyn haid . . .

Sigl yr eirlys glo'r hirlwm
A rhyddhau clawr y pridd clwm . . .

Hawdd yw gweld symudiad cymen yr awdur o ffased i ffased o'i bortread. Nid oeda'n ormodol ar yr un ohonynt, namyn eu cyflwyno gyda darbodaeth gwbwl ddigonol, tacteg sy'n peri i'r darllenydd ymglywed â'u holl ryndod yn eu noethder eithaf. Ac yn rhan organaidd hefyd o'r cyfanrwydd yma y mae meinder gwreiddiol y cynganeddu'n allweddol: 'A hin *blwng* yn eu *blingo*', 'A naws *ing* yn ei *sangiad*', '*Uchod* mae'r *buchod bychain*', '*Sigl* yr *eirlys glo'r hirlwm*'. Patrwm penigamp ar gyfer codi dysg ohono.

Ac i ddilyn yr arfer unwaith yn rhagor, dyma un dyfyniad arall allan o gywydd o gyffelyb ansawdd i yrru'r hoelen, mewn ffordd o siarad, yn llwyr i'w phriod le, ac esiampl hefyd sy'n profi fod cywyddwyr y canrifoedd yn prisio cynildeb mynegiant yn eu creadigaethau, sef cywydd mawl aruthrol Dafydd Nanmor i Rys ap Rhydderch ap Rhys o'r Tywyn yng Ngheredigion:

Tyfu'r wyd, fal twf yr onn,
O fagad pendefigion.
Ni thyf, mal gwenith hafaidd,
Brig ar ŷd lle ni bo'r gwraidd;
A dyfo o bendefig
A dyf o'i wraidd hyd ei frig.
Da yw'r haf, pan rodio'r hydd,
I'r gwenith ac i'r gwinwydd;
Da i ŵr o ryw ei daid
Ei wneuthur o benaethiaid.

Mae i'r holl ddyfyniad arddull nodedig o orffenedig gryno mewn cynghanedd sydd mor gyfaddas i'w ddiben, sef mynegi argraffiadau oes o arwyddocâd noddwyr fel hyn i'w cyfnod, distyllu myfyrdod einioes ar freintiau a goblygiadau uchelwriaeth fel elfennau hanfodol ar gyfer cymdeithas waraidd o ddiwylliedig.

Ac i orffen gydag atgoffâd hollbwysig i'w gadw mewn cof: egwyddor fywydol yw cynildeb a dyfodd ar draws yr oesau gyda datblygiad y cywydd o fodd i fodd, a hynny oblegid bod ffurf feingul a natur ddiwastraff y mesur yn gofyn am y cyfryw gyflwyniad; neu, a'i osod mewn ffordd arall, nid yw'n gyfrwng i ddioddef anghrynoder mynegiant heb ddangos hynny'n ddifrifol o glir. A siarad yn blaen, nid yw'n fesur sy'n dygymod â ffwlbri arddull yn rhyw hawdd iawn!

CYWAIR

WRTH Y TERM CYWAIR y cywydd golygir natur elfennau arbennig ei fynegiant, nodweddion ei leferydd a'i dannau llais ynghyd â diben gwahanol ddatganiadau ei dafod, ac fel gyda chantorion proffesiynol y mae'n hanfodol i'r bardd yntau gadw potensial y cyfryngau hyn oll ar eu hansawdd uchaf.

Ansoddeiriau

Un o'r tannau penodol yma yw'r ansoddair, ac y mae llawer i'w ddweud o blaid y farn mai ei ddefnydd o'r ansoddair, yn anad yr un elfen arall efallai, sy'n adlewyrchu egluraf fedr creadigol bardd. Fel y dywedodd Gwenallt: '. . . un praw o weledigaeth yw ansoddair arwyddocaol . . .' Mae yna wirionedd sylfaenol i hyn, am ei fod yn arwydd o wreiddioldeb, egni a dyfeisgarwch meddwl. Mae'r prydydd diddrwg-didda yn ddigon bodlon fynychaf ar dderbyn yr ansoddair cyfarwydd o ystrydebol a ddaw'n rhwydd i'w feddwl, heb ddygnu fawr ymhellach am ei ddieithriach o newydd, disgrifiad di-fflach nad oes y nesaf peth i ddim o wefr yn agos iddo. Rhywbeth yn debyg i hyn:

> Mewn byd tost mae 'na osteg
> Ym more dydd fy mro *deg*.

Fel y sylweddolir yn syth, 'does yna ddim sbonc na ffresni o unrhyw fath i'r cymal 'fy mro deg'. Nid yw'n ychwanegu iod at y llinell gyntaf, yn hytrach mae'n ddisgynneb bendant ar addewid honno, am y rheswm fod yr hyn a ddywedir ynddi wedi ei feddwl a'i ddweud ganwaith o'r blaen, gan mai dyna'r math o gymhellion sy'n barddoni ar ran prydydd fel petai, a hynny mewn chwinciad hefyd os na ofelir rhagddynt. Felly, mae'n rhaid meddwl am ansoddair mwy awgrymog o newydd, er mwyn grymuso tipyn ar lesgedd llinell olaf y cwpled, sef ei gwneud yn deilyngach partneres i dymer go addawol ei rhagflaenydd:

> Mewn byd tost mae ’na osteg
> I fore wawr fy mro *freg*.

Mae’r ansoddair diweddol uchod yn dipyn o welliant ar yr un cyntaf. Yn un peth, y mae’n fwy gwreiddiol yn ei gyd-destun, ac yn ail mae’n ychwanegu at sylwedd y llinell gyntaf, yn yr ystyr fod iddo’r awgrymusedd fod y fro arbennig a glodforir am ei heddwch eto’n fregus ei natur, ac felly’n agored i afiechyd y byd mawr y tu allan iddi ei chyrraedd ar fyrder.

Gadewch inni roi cynnig arall ar yr un ymarferiad, i ddangos eto bwysiced yw grym yr ansoddair mewn llinell o farddoniaeth. Enghraifft o ansoddair gwantan i ddechrau:

> Uchel yw’r nen *dawelaf*
> Ar ei hyd ar wawr o haf.

Nid oes fawr o wreiddioldeb yn ansoddair gradd eithaf y llinell flaenaf, ‘nen dawelaf’. Mae dweud fod yr awyr yn ‘dawel’ yn ymadrodd tra gwybyddus i bawb, ac oblegid hynny’n cynnwys y nesaf peth i ddim o fywyd i ddisgrifio miraglau’r ffurfafen ar fore o haf. Felly, mae’n rhaid ymdrechu am ansoddair arall a fydd yn gwneud chwarae teg â natur yr olygfa:

> Uchel yw’r nen *ddirgelaf*
> Ar ei hyd ar wawr o haf.

Mae yna fwy o rin, a phwysau hefyd, yn yr ansoddair ‘dirgelaf’ mewn cyswllt â ‘nen’ y tro yma, nid am ei fod yn fwy newydd yn unig, ond am fod yna elfen baradocsaidd o gyfrin iddo hefyd. Mae’n cyfleu rhyfeddod toriad gwawr drwy ddelweddu’r dirgelwch hynod sydd i olwg yr wybren hyd yn oed ar loywder awr y dyddio'i hunan, math o ddieithrwch ymadrodd nad yw'n perthyn i'r ansoddair cyntaf o gwbwl.

Yn awr, beth am ddyfynnu rhyw dair enghraifft o ddawn ansoddeirio rhai o'n cywyddwyr gorau, i amlygu'r defnydd mwyaf cyfewin o'r gelfyddyd:

Ar y garth galarai'r gwynt
cyhyrog uwch sŵn cerrynt,
a'r glaw *gwallgof*, gan rofio,
yn agor hafn yn y gro.

(O'r awdl 'Storm', Elwyn Edwards)

Gweithredu fel cefndir awgrymog a wna'r disgrifiad uchod o 'storm' naturiol i 'storm' waeth o bersonol ym mywyd y bardd ei hun, sef salwch terfynol a marwolaeth ei fam. Yn y pennill mae enbydrwydd y gwynt a'r glaw fel pe'n synhwyro'r drasiedi sydd ar fin digwydd. Sylwer ar yr ansoddeiriau annisgwyl o angerddol a ddefnyddiwyd i gyfleu hyn: mae'r gél 'cyhyrog' hyd yn oed yn torri i alaru, a 'gwallgof' yw wylo'r ddrycin sydd fel pe'n agor bedd parod yn y pridd, dau ansoddair hynod o bwerus eu cywair i drosglwyddo cyfyngder y sefyllfa.

Yn symffoni'r gwmnïaeth
mae cwyn *ffrom*, mae acen *ffraeth*;
mae rheg *stormus*, mae cusan,
mae eco ing ac mae cân . . .

(O'r awdl 'Gwawr', Meirion MacIntyre Huws)

Darlun yw hwn o ieuenctid tref Caernarfon yn eu mwynhau eu hunain mewn hwyl Gymreig o'r iawn ryw wedi dyfod nos, ac mor drawiadol o newydd addas yw'r ansoddeiriau sy'n cyfleu ymarweddiad eirias y criw gwladgarol yma: 'cwyn ffrom', 'acen ffraeth' a 'rheg stormus', tri ansoddair sy'n mynegi awyrgylch afieithus yr olygfa'n gyfunol o fabolgampus.

> Byw penyd o hyd mae hi
> y dyddiau bu raid iddi
> droi'i chefn ar y dyfnder *chwil*
> a rhoi'i ffydd mewn rhaff *eiddil* . . .

(O'r awdl 'Chwyldro', Emyr Lewis)

Rhan o ddelwedd o hen löwr a'i wraig gyda'i gilydd yw cynnwys yr uchod wedi chwalfa streic y glowyr ym 1984. Mae'r hen wraig yn cofio o hyd am beryglon gwaith ei gŵr, sef y modd y bu'n rhaid iddi'n ddyddiol adael iddo ddisgyn i erchyllter y pwll glo: craffer ar y ffordd y cyflea ansoddeiriau enbyd wreiddiol y darn y gwir ofn a'r gofid a oedd ynglŷn â hynny oll; 'chwil' oedd y dyfnder y plymiai'r caets iddo, ac 'eiddil' oedd y rhaff a'i daliai ar ei siwrnai, geiriau disgrifiadol sy'n cyrraedd yn eu cyd-destun at nerfau'r darllenydd.

Ac y mae yna un agwedd arall mewn cyswllt â'r ansoddair yn y canu caeth, yn wir mewn barddoniaeth yn gyffredinol felly, y tâl i ni roi sylw iddi, sef yr arfer sydd gan rai beirdd i osod yr ansoddair o flaen yr enw braidd yn rhy ddifeddwl o aml. Dylid, ar bob cyfrif, gyfyngu'r dacteg yma i sefyllfaoedd lle mae yna wir bwrpas mewn rhoi'r ansoddair yn flaenaf, hynny yw, lle mae ei osod yn y cyfryw safle yn talu'n arwyddocaol am ei osod yno, ac yn grymuso'i gywair, yn hytrach na gwneud hynny er mwyn hwylustod cynganeddol yn unig. I ddangos yn union beth a feddylir wrth hyn, fe roir un enghraifft yr un, fel arfer, o'r ddau ddull a grybwyllwyd ar waith. Y dull camweddus yn gyntaf:

> *Llonydd* lyn mewn *lluniaidd* le
> Yn wydr dan len o hydre'.

Yn sicr nid yw'r ddau ansoddair ystrydebol sy'n rhagflaenu'r enwau yn y llinell gyntaf yn talu am eu rhoi yn y safle hwn o gwbwl, 'llonydd lyn', a 'lluniaidd le'. Am hynny, nid yw'r amlygrwydd a roed iddynt yn cyfrannu fawr at naws farddol y cwpled, sef y tryloywder hydrefol sydd i'r llyn a ddarlunnir. Yn wir, braidd nas gellid eu galw'n fath o eiriau llanw a ddewiswyd i ffitio gofynion y gynghanedd yn unig. Mewn geiriau eraill, maent yn tynnu sylw atynt eu hunain am y rhesymau anghywir.

Felly, at yr ail gynnig y mae angen tipyn mwy o finiogrwydd meddwl, neu am awchlymu mwy ar y reddf farddonol ar gyfer union setin y farddoniaeth, canys dyna'r gyfrinach at ddefnydd effeithiol o'r dull yma, fel y gwelsom gydag ymdrin â berfau ym mrawddegu'r gynghanedd:

Rhiniol lyn mewn gwern o le
Yn wydr dan len o hydre'.

Dyna welliant, siŵr o fod. Mae mwy o flas barddonol gyfan i'r cwpled yma. Ynddo, ceir arwyddocâd dyfnach o ysbrydol i'r ansoddair a bwysleisir ar y dechrau mewn perthynas â gweddill y cwpled. Mewn gair, mae'n llywodraethu ar holl dôn ac awyrgylch y pedair sillaf ar ddeg, ac yn cyfleu'r ymdeimlad mai adlewyrchiad diwnïad o fendith yr hydref ei hunan yw 'rhiniol' lun y llyn hanner cuddiedig yma sydd fel pe'n un ag ysblander y dail. Gan hynny, y mae yna bwrpas pendant dros ei osod o flaen yr enw yn ei gyd-destun.

Ac i gloi'r adran hon, dyma ddwy esiampl o'r modd greddfol yma ar waith gyda'r tac sensitif hwn mewn cwpledi o waith cynganeddwyr profiadol:

Fy more fu ym Merwyn,
Ofer a *gwag* fore gwyn;
Afradus fore ydoedd,
Bore gwyn fel barrug oedd.

('Berwyn', Cynddelw)

Y cywydd 'Berwyn' yw gwaith gorau Cynddelw (Robert Ellis) o ddigon, un a luniodd flwyddyn cyn diwedd ei oes ym 1875 yn 63 oed, ac yn y cywydd mae'n edrych yn ôl yn hiraethus at wynfyd ei lencyndod o gwmpas ardal y bryniau hyn. Gan hynny, y mae i ansoddeiriau rhagflaenol y dyfyniad hwn eu harwyddocâd arbennig o gyfaddas eu hunain oblegid eu pwrpas, sef datgan yn afieithus y rhyddid dilyffethair ddiamcan a oedd i'r cyfnod hwnnw, yr 'ofer a gwag' a'r 'afradus fore gwyn' y telynega'r bardd yn ei gylch. 'Does ryfedd yn y byd iddo ymgolli cymaint mewn dolen nwyfus o ansoddeiriau i gyfleu ysbryd y cyfnod, nac iddo osod tri ohonynt o flaen enwau ychwaith.

Onid hoff yw cofio'n taith
Mewn hoen i Benmon, unwaith?
Odidog ddiwrnod ydoedd,
Rhyw Sul uwch na'r Suliau oedd . . .

('Penmon', T. Gwynn Jones)

Darn o gywydd yn croniclo taith yr awdur gyda W. J. Gruffydd i Benmon ar Ynys Môn ar ddydd o haf yw, gwaith y cyfeiriwyd uchod ato eisoes. Crynhoir holl awyrgylch ac ysbryd y daith, o safbwynt yr hinsawdd yn ogystal â'r gogoniannau a welwyd, gan urddas ffurf dreigledig yr ansoddair 'godidog'. Ac felly, gan mor ganolog o arwyddocaol ydyw, ni ellid ond bod wedi ei roddi yn ei briod safle, sef yn rhagflaenu'r enw 'diwrnod', a hynny er mwyn pwysleisio fod y Sul arbennig yma'n uwch ei ansawdd na'r un Sul arall a fu erioed. Dyna enghraifft nodedig o ymestyn potensial cywair yr ansoddair mewn Cerdd Dafod.

Felly, yr hyn sydd i anelu'n wastadol amdano wrth ansoddeirio yw sicrhau fod y modd yn creu gwreiddioldeb cyfewin o ddisgrifio, un sy'n tryledu'n gyffro o ffresni drwy ei gyd-destun. A chyda'r broses o roi ansoddair o flaen enw, y mae'n rhaid gofalu'r un mor fanwl fod y dechneg hon yn ateb ei diben, a hyd yn oed wedyn nid yw'n dechneg i'w gorddefnyddio o bell ffordd.

Geiriau Cyfansawdd

Bellach, nid yw'n cywyddwyr cyfoes yn gwneud fawr o ddefnydd o'r cyfansoddeiriau trwchus hynny yr ymhyfrydai Beirdd yr Uchelwyr gymaint ynddynt. Yn wir, tipyn o ffolineb anacronistaidd ddiflas fyddai mabwysiadu'r fath dechneg erbyn. Ond er dweud hyn, mae gweithredu defnydd disgybledig, ar dro, o ambell air cyfansawdd newydd a gwreiddiol yn fodd i fywiogi barddoniaeth o hyd, a chreu cynganeddu gwreiddiol ar yr un pryd. Gellir cyflawni hyn trwy osgoi defnyddio cyfansoddeiriau cyfarwydd mewn cyd-destunau tila, fel yr enghraifft ystrydebol ganlynol:

Ei ardd hyfryd glyd a glân
Yn yr haf yw'r *goreufan.*

Gan hynny, os am beri i'r dull yma drydanu'r gynghanedd, mae gofyn am ddefnydd mwy iasol ohono nag un cymharol dreuliedig fel yr enghraifft uchod, megis ei wau'n un â delwedd a fyddai'n cyfrannu'n fwy ffres o anghynefin i'w sylwedd, fel mewn darlun o'r natur ganlynol:

Mae dwy wyrth i'w gweld o'm dôr:
Enfys dros *orllewinfor.*

A dyma ddwy esiampl odidog o wefreiddiol o'r cyfryw dacteg mewn cywyddau modern. Ymegnïo'n nwyfus, gydag esgyniad graddol o feithrin twf wrth reswm gyda chywydda, at gyrraedd pinaclau geiriol fel y rhain y dylai pob cywyddwr geisio'i wneud. Yn gyntaf, cwpled o'r cywydd 'Afon Conwy', John Edwards, Betws, Corwen, lle mae'r ddau air cyfansawdd yn cyfleu, mewn ffordd iasol, fel y mae'r afon i'w theimlo'n cario naws y cynoesoedd yng nghôl ei llif:

Hen, hen wyt, hen afon hud,
Cyweinferch rhin y *cynfyd.*

Ac yn ail, o gywydd agoriadol yr awdl arobryn 'Preselau', 1972, Dafydd Owen, lle defnyddir y modd i ddelweddu drama oesol hil y bryniau hyn ar y llwyfan eang a grewyd iddi gan gwrs hanes:

Lluniodd, o wyll, neuadd werdd
A chreigiau i'w *chwaraegerdd* . . .

Gyda hyn i gyd mewn cof, y mae yna ddwy agwedd ar y math yma o eiriau y byddai'n ddoeth i'w dilyn: osgoi arfer enghreifftiau trymion lafurus ohonynt, ac os eu defnyddio o gwbwl, ymdrechu at geisio bathu esiamplau angyfarwydd ohonynt, rhai sy'n peri syndod o fewn eu cyd-destunau ynghyd â chreu trawiadau cynganeddol newydd ar yr un pryd.

Ailadrodd Geiriau

Ran fynychaf heddiw mewn barddoniaeth gaeth defnyddir y dechneg hon i bwysleisio agweddau meddwl, fel dwyster neu afiaith neu angerdd teimlad, neu o'r hyn lleiaf dyna'r ffordd fwyaf celfydd i'w weithredu bellach. Golyga hyn mai pan gyfyd y modd ohono'i hun fel petai, wrth reddf yn naturiol felly, o gronfa profiad neu ymrwymiad, y mae ar ei fwyaf effeithiol, hynny yw, pan fo tinc cywair didwylledd i'w glywed yn ei gyflead.

Fel esiampl, 'does yna fawr o'i le ar y cwpled dilynol o safbwynt ailadrodd, gydag un llinell yn mynegi ffafriaeth at leisio adar uwchlaw canu dynion, heblaw wrth gwrs nad oes gymaint â hynny o drwch teimlad ynddo:

Hoff wyf o ganu llwyfan,
Ond mwy *hoff* o ednod mân.

Mae'r ddwy linell ganlynol yn pwysleisio peth o wir natur hiraeth pan fo ar ei waethaf:

> *Hiraeth* llosg fel ffroth y lli
> Yw *hiraeth* nad yw'n oeri.

A cheir yr un math o angerdd teimlad yn yr enghreifftiau canlynol, fel y dylai fod mewn canu difrif o'r teip hwn, gyda'r enghraifft gyntaf yn trosglwyddo dyfnder ofnau cynhenid dyn erioed, a'r llall yn ymrwymiadol drosiadu goroesiad gwyrdd yr iaith a'r genedl Gymraeg:

> *Ofn* y nos yn nwfn y nant,
> *Ofni* rhu canu'r ceunant,
> *Ofni*'r sŵn o hafnau'r sêr
> Ac *ofn* ton ymson amser.

('Ofnau', Roger Jones)

> Hon oedd *deilen* yr heniaith,
> A *deilen* hardd awdlau'n hiaith,
> *Deilen* o wŷdd hwyrddydd haf,
> A *deilen* y rhyd olaf,
> *Dail* o goed y genedl gaeth
> A *deilen* ein bodolaeth.

(O awdl 'Y Daith', Idris Reynolds)

Tacteg dra effeithiol yw ailadrodd geiriau llwythog o ystyr ac emosiwn mewn barddoniaeth gynganeddol pan fo ysmudiad y canu'n ei ganiatáu ac yn galw amdano, eithr fel un neu ddwy o dactegau effeithiol eraill, nid yw'n un i wneud defnydd gorfynych ohoni. Gallai hynny ddifetha'i heffeithiolrwydd yn fuan iawn.

Cymhariaeth

'[N]id oes ffigur gwell na chyffelybiaeth yn ei lle . . .' Syr John Morris-Jones biau'r geiriau yna, ac mae'n dra anodd anghytuno â'r gosodiad. Mae'r un mor amhosibl anghytuno â'r hyn y mae'n ei ychwanegu wedyn hefyd: 'Diflas . . . ydyw gwneuthur cymhariaeth amlwg a chyffredin . . .' Fe dâl i bob cywyddwr serio'r dywediadau yna ar ei gof: cofio nad oes nemor droad ymadrodd yn debyg i un neu ddwy o gymariaethau mentrus at fywiocáu mater cywydd, sef priod bwrpas y troad ymadrodd, ac i'r gwrthwyneb yn ogystal, sef y gall cymhariaeth dila ei ostwng lawn mor gyflym.

Er enghraifft, byddai cyffelybiaeth o anian amlwg yr isod – mae tebygu glesni'r awyr i asur y môr yn hen ymadrodd – yn siŵr o wneud hynny:

Hyd gwr a lled y goror
Awyr y maes *fel lliw'r môr.*

Na, y mae'n orfodol bod yn fwy dyfeisgar na hyn yna cyn esgor ar gymhariaeth â thipyn o ddieithrwch iddi. Byddai un sy'n cyffelybu ffurf solet y ddaear a'r coed mewn corwynt nerthol i swae cynnwrf tonnau'r môr, dyweder, yn fwy na thebyg o fod dipyn yn nes ati:

Yn y gyrwynt o'r goror
Hedd y maes *fel ymchwydd môr.*

Ac i adlewyrchu'r ystyriaeth hon yn llawn dyma ddwy enghraifft eto o waith dau o'n cywyddwyr diweddar:

A llyfn ei air *fel llafn noeth*
Dros ei fin – y drin drannoeth.

(Allan o awdl 'Y Frwydr', John Gwilym Jones)

Ymdrin y mae'r bardd yn yr awdl â phrofiadau claf mewn ysbyty, ac yn yr enghraifft benodol uchod o gwpled mae'r meddyg yn torri'r garw iddo fod llawdriniaeth fuan o'i flaen. Mae'n gymhariaeth newydd sbon: mor esmwyth yw goslef y meddyg, ond eto'r genadwri'n dwysdreiddio'r claf, a hynny mor finiog â'r sgalpel y byddai'n ei defnyddio drannoeth, cymhariaeth annisgwyl, ac eto'n codi mor gyfaddas o'i setin arbennig ei hunan.

Wele'r coed *fel milwyr coch*,
Ai atgof, dymor gwaetgoch,
O frwydrau a fu yw'r hydref,
A gwaed ar ei lurig ef? . . .

('Hydref ym Mhenllyn', Alan Llwyd)

Ceir y darn hwn mewn cywydd sy'n ymhyfrydu mewn darlunio ysblanderau'r hydref yn ardal Y Bala. Cyffelybiaeth syfrdan o annisgwyl arall ydyw'n tebygu'r coed yn nhrochfa ruddliw'r tymor i ryfelwyr gwaedlyd yr hen gadau gynt, canys go brin y meddyliwn fel rheol fod coed cochlyd Medi'n edrych megis llurigwyr archolledig y cynoesoedd.

Arf pwerus at ddefnydd y bardd yw'r gymhariaeth, ond fel pob erfyn arall at ei alwedigaeth y mae effeithlonrwydd ei gyraeddiadau'n llwyr ddibynnu ar loywder ei fin, llymder gwreiddioldeb ei dafod. Dyna sylwedd ei awch, anghynefindra mentrus y cyffelybu, meinder sy'n gofyn am gael ei hogi'n barhaus er mwyn cadw'i sglein rhag dirywio'n ddiflastod pylni.

Cyferbyniad

Er ein bod yn gyfarwydd iawn â gweld, a hefyd nodi'r gwahaniaeth, rhwng deuoedd o sylweddau fel o wrthbwyntiau o'n hamgylch mewn bywyd bob dydd, sef cyferbynnu, yn wir bu'r peth yn rhan waelodol o fyw a bod yr hil ddynol o'r dechreuad. Ni ddefnyddir y ffigur hwn lawn mor fynych rywsut â'r gyffelybiaeth mewn celfyddyd barddoniaeth. Ond eto i gyd, pan y'i geirir yn gyrhaeddgar o awenyddol, gall fod yn dra grymus ei effaith. Er mwyn ymarferiad, mae hynny'n golygu ymgais dipyn yn gryfach ei drawiad na'r canlynol, gan fod y cyferbyniad sydd ynddo rhwng bregusrwydd yr hen a nerth yr ifanc braidd yn amlwg o gyffredin:

Yn wan ei lun fel *hen lanc*,
Yn *gry'* fel creigiwr *ieuanc.*

Na, mae'n golygu creu asiad gwahaniaethol gyda grymusach elfen yn perthyn iddo, mwy o swmp dyfnder annisgwyliadwy yn y gwahaniaethu, megis cyfleu ymarweddiad o ddewrder mewn cystudd, er enghraifft:

Os *di-hoen* gan boen di-baid
Y mae'n *hoenus* mewn enaid.

O bryd i'w gilydd lluniwyd cyferbyniadau tra thrawiadol gan ein cywyddwyr diweddar. Dyma enghraifft o waith Monallt mewn cerdd goffa i W. J. Gruffydd, gwrtheb sy'n mynegi'r ddeuoliaeth angerddol a oedd yn rhan o ymagweddiad Gruffydd at werin ei wlad:

Fe *wylodd* drosti filwaith,
A'i *rhegi* hi lawer gwaith . . .

A dyma un arall, diweddglo sy'n grynhoad byr i holl thema awdl 'Yr Ymchwil', Dic Jones, a sylfaenwyd ar y cyferbyniad gwaelodol rhwng yr ymchwil sinistr i arfau rhyfel yn Aber-porth a'r arbrofi bywydol gyda chynnyrch y tir yng Ngogerddan:

Mae *deifiol rym y difod*
O dŵr y gwersyll yn dod,
Mae *egni* mwy, *egin mân*
Ac *irddail* yng Ngogerddan.

Gan fod yr egwyddor o gyferbynnu'n rhan mor sylfaenol, ac adeiladol hefyd, o gyfanrwydd bywyd, y mae gwneud defnydd o sylwedd anarferol ohono mewn barddoniaeth yn sicr o brofi'n reddfol o atyniadol i'w hanianawd.

Paradocs

Ffordd o siarad hynod o wrthddywediadol yw'r paradocs. Ar un olwg mae gosodiad sy'n ei wrth-ddweud ei hunan yn swnio'n afresymol, ond o edrych yn fanylach arno gall fod i'w groeseb wirionedd rhyfedd o drawiadol. Felly, y mae gan ddefnydd sensitif dreiddgar ohono yn ei gyd-destun y grym i wefreiddio barddoniaeth.

I ddechrau, dyma enghraifft gymharol elfennol o'r hyn a olygir wrth baradocs mewn prydyddiaeth, darlun o ddagrau mewn llawenydd:

Yn wych o hardd y ferch wen
Â'i lli o *ddagrau llawen.*

Wrth gwrs, y mae modd gwella ar y cwpled yna drwy beri i'r paradocs gyfleu mwy o rym meddylwaith, fel y bo dwysach sylwedd i'w drawiad. Wedi'r cyfan, y mae dangos nerth dygnwch mewn llesgedd henaint, dyweder, pŵer mewn eiddilwch, fel y gwneir isod, yn siŵr o fod yn ddyfnach ac yn fwy sylweddol baradocsaidd na chyfeirio at eneth lanwedd yn wylo o lawenydd:

Dewr ei awch wrth ymdrechu
Yw'r crwm yn ei *freuder cry'*.

Mae yna sydynrwydd creadigol, gwreiddioldeb disyfyd, i'r modd y trinia rhai o'n cywyddwyr blaenaf y paradocs yn eu creadigaethau, fel y dylai canu paradocsaidd gwerth chweil fod wrth gwrs, megis mewn cywydd gan Emrys Edwards wrth ddangos fod i hen ddarn o dir comin cyndyn ddwy wedd wrthgyferbyniol ar yr un pryd fel petai, ac at hyn gellir nodi fod i'r geiriau Saesneg naws bur effeithiol yn y cwpled yma rywsut, gan fod y geiriau hyn yn cyfleu dieithrwch y darn tir a ddisgrifir:

> 'No man's land' yn grand â grug,
> Hen le *siriol* – a *sarrug*.

Ac wedyn dyna Tudur Dylan Jones, mewn darn o gywydd yn awdl fuddugol 'Y Môr', 1995, yn portreadu eithaf unigrwydd gŵr a gollodd ei gariad drwy nodi nad yw holl drybestod y llanw'n ymhyrddio ar draethell wag ond megis mudandod llwyr yn ei glyw:

> Ond mae ymson y tonnau'n
> Wag eu sŵn wrth agosáu;
> A *thyrr holl iaith* oer y lli
> Yn *fudan* ddirifedi . . .

Mae'n eglur bellach fod rhaid i'r paradocs barddonol o ansawdd feddu ar gynneddf y gellir ei galw'n fath o groeseb greadigol o ddyfnder, y gynneddf â'r ddawn i beri dwyster syndod ac i ddal sylw â'i hynodrwydd sydyn. Dyna'r llinyn mesur at sicrhau fod y datganiad hwn yn cynnwys y wefr angenrheidiol yn ei fan a'i le.

Trosiad

Os maentumir mai'r gymhariaeth yw brenhines y troadau ymadrodd, yna gellir mentro dal mai'r trosiad yw'r brenin. Fel y dywedodd R. M. Jones '. . . y mae'r trosiad ar flaen y gad . . . ar frig ton yr ymdrech farddonol o weddnewid neu o adffurfio', pwrpas pur anrhydeddus i droad ymadrodd. Ac Aristoteles yntau oesoedd lawer iawn yn ôl: 'Hwn yw'r unig beth na ellir ei ddysgu gan neb arall. Arwydd o athrylith yw, oherwydd mae'r gallu i greu metafforau yn arwyddo dawn i ganfod y tebygrwydd rhwng pethau annhebyg'.

Yn hyn o beth, gorau oll pa mor gymharol bell yw'r gwahaniaeth rhwng unrhyw ddau wrthrych a ddefnyddir yn ffurfiant y trosiad er mwyn ennill arbenigrwydd gwreiddioldeb iddo, ond nid yn afresymol o bell chwaith neu fe dorrir pob cyswllt rhyngddynt a gwneud yr ymgais ddychmygol at eu tebygu'n ddisynnwyr. Dyma enghraifft o'r hyn a olygir wrth gyfuno dau wrthrych gwahanol i'w gilydd i lunio trosiad, er nad yw'r berthynas rhyngddynt yn yr esiampl yma'n rhyw wreiddiol iawn chwaith, sef galw 'geneth faban' yn 'seren' i'w hanwylo:

Mae'n *merch* fechan egwan ni
Yn *seren* i'w thrysori.

Ond gyda chlymiad mwy dychmygus o annhebygrwydd rhwng y ddeubeth a drosir fe geir troad o wefr amgenach, fel gyda synio am yr 'ystlum' bychan ar ei wib yn 'fwgan' rheibus y nos, er enghraifft:

Ystlum dilesg ei esgyll –
Sibrwd gwanc *ysbryd y gwyll.*

Mae ein canu cynganeddol safonol yn frith o drosiadau iasol iawn, fel y ddau hyn a ddewiswyd ar siawns megis. Agoriad gafaelgar y cywydd 'Helem', Alun Cilie, yw'r cyntaf:

Warws gringras gywreingron,
Y gorau nodd geir yn hon;
Pyramid y campwr mawr,
Cronfa'i aceri enfawr . . .

Trosiadu gwych o reddfol gan gywyddwr â phrofiad oes o amaethu a geir yma: gweld helem newydd y cynhaeaf yn yr ydlan yn storws gynheufus luniaidd; wedyn yn byramidaidd o gymesur yn torsythu i'r uchelder, ac eto'n gasglfa doreithiog o ffrwyth ehangder y meysydd. Pob troad â chysylltiad cyfaddas o wreiddiol â naws a ffurf eu gwrthrych, dewinol o drosiadu fel gwead ysgubau'r campwaith enfawr ei hunan yn creu cryn bersonoliaeth i gywydd.

Dyfyniad o gywydd grymus Ieuan Wyn, 'Gwymon', yw'r nesaf:

> *Nyni'r gwymon sychion, syn,*
> Yn breuo heb yr ewyn
> Fel crwst yng ngafael crastir
> *Tynghedfen* yr heulwen hir.

Ysgytiol yw mŵd y trosiadu yn y fan yma: collfarn gignoeth sy'n gweld ein gwyleidd-dra a'n llwfrda ni'r Cymry sydd ohoni ond yn rhyw dyfiant crimp ar draethell dyngedfennol o drai heb obaith am gynnwrf yr un llanw i'n gwroli byth, creadigrwydd angerdd o ddau drosiad gwynias eu hanian.

Mae'r cyfan uchod yn tystio fod tymer unigryw'r trosiad gwahanol i'r arfer yn hawlio fflach o weledigaeth nodedig, y meddylwaith â'r sythwelediad i ganfod yr edau anwel o undod rhwng gwrthrychau sydd i bob golwg yn hollol ar wahân. Dyna amod y cyfrwng eneiniedig yma, math o ddelwedd sydd gyda'r rhan fwyaf greiddiol i gyd, o bosibl, o holl gyfryngau'r gweledigaeth barddonol.

Symbol

Yn syml, ffigur yw'r symbol sy'n ehangiad o ddelwedd unigol fel cynrychiolydd o rywbeth arall mewn cerdd. Yn wir, gall ymestyn mewn cyfres o ddelweddau dros gryn ystod ohoni, neu drwyddi i gyd o ran hynny. Ac megis y gellir dirnad gyda ffigur o'r fath natur, y mae iddo'r arfogaeth o gryn bosibiliadau i rymuso barddoniaeth yn sylweddol, ond cyn y gall wneud hynny rhaid gofalu ei fod yn cynrychioli'r gwrthrych a symboleiddia yn llwyr, hynny yw, ei fod ar yr un dymer o donfedd farddonol ymhob agwedd ag anian arbennig hwnnw, neu symboliaeth dra thila o aneffeithiol a geir. Ond rhown enghraifft o bennill sy'n cynnwys gwendid o'r fath i'w esbonio'n drwyadl, un sydd, dyweder, yn arwyddlunio'r profiad nwyfus o deimlad fel llawenydd ysbryd mewn modd heb fod yn gwbwl addas o gynrychioliadol o wir natur yr asbri unigryw hwnnw:

Y machlud â'i liw hudol
Ar y dŵr yn brodio'i ôl,
A'r heulwen ar ei heiliad
Yn aur o liw ar y wlad.

Wedi'r cyfan, nid yw dewis arwyddlun o fachlud haul, ac un ystrydebol ei eiriad yn y fargen hefyd, yn rhoi argraff haedd-iannol iawn o'r afiaith o orfoledd sydd dan sylw. Yn siŵr ddigon, byddai defnyddio symbol o sylwedd ac ymadroddi mwy ffres o rymus fel delwedd o gân a phelydriad gwawr newydd, i nodi un posibiliad, yn llawer teilyngach cynrychiolydd o hynny:

Côr eurlais mewn dail gleision
Yn llathru a dyblu'r dôn,
A hen wyrth dân nerth y dydd
O'r ne' yn pefrio'n newydd.

Eithr yr enghraifft fwyaf patrymol ar ei hyd o'r hyn a olygir wrth ganu symbolaidd mewn barddoniaeth gynganeddol ddiweddar yw awdl fuddugol Idris Reynolds yn Eisteddfod 1992, 'A Fo Ben . . .', lle defnyddir mater a chymeriadau Ail Gainc y Mabinogi fel arwyddluniau o barhad, dygnwch ac ysbrydoliaeth bywyd yr iaith a'r genedl Gymraeg, a lle hefyd y chwery mesur y cywydd ei lawn ran yn natblygiad y cyfryw ddelweddu, fel y darlun hwn o natur ddi-ildio drudwy Branwen ar ei daith dyngedfennol, sydd mor drawiadol o gymwys at ei bwrpas, arfer symbol allan o hen chwedloniaeth ysbrydolgar cenedl i arwyddo'i phenderfyniad i oroesi:

Ehedeg i'r dyfodol
Drwy y niwl wna'r di-droi-nôl
A hen friw o dan y fron
Yn bwythau o obeithion;
A hi'n rhaid wynebu'r her
Dwy aden ydyw hyder . . .

Drudwy'r iaith ddidrydar oedd,
Drudwy o bryder ydoedd,
Ond mae y drudwy mwyach
Yn gân dlos y genedl iach;
Drudwy'r rhyd a'r hyder yw,
A drudwy'r frwydyr ydyw.

CYMERIAD Y CYWYDD

NATUR

MAE'R CYWYDD, YN GYFFREDINOL, yn ei fenthyg ei hun i gyflwyno helaethrwydd ac ehangder o wahanol fathau o fater neu themâu, yn yr ystyr fod iddo'r hyblygrwydd a'r llydanrwydd cymeriad, fel petai, i gwmpasu sgôp enfawr o ddeunyddiau a chynhwysion. Gan hynny, yn yr adran yma dangosir hyn gydag enghreifftiau o bum gwahanol bwnc neu destun dethol, a thrafodaethau arweiniol ar ddwy esiampl o amrywiaeth safon ymhob un ohonynt, fel ymhob un o'r adrannau uchod, gan ddechrau gyda byd Natur.

Er mai enghraifft o gywydd diddrwg-didda ddigon ar ei hyd, i rawd y tymhorau, yw 'Y Berllan', T. Llewelyn Thomas (*Eilian*), a welir yn y gyfrol fechan *Awen Sir Ddinbych* (1964) yng nghyfres *Barddoniaeth y Siroedd*, y mae iddo agoriad pur grefftus, ac mae'n fanteisiol bob amser i gywydd wrth agoriad apelgar, er mwyn ennyn sylw ar y dechrau un:

I'w daith gynnau daeth gwanwyn
I roddi'i liw gwyrdd i lwyn;
Daeth i'r berllan ger f'annedd
Eiliw Mai hudol a'i medd . . .

Felly, dyna gywyddwr yn cyflwyno'i fater yn naturiol o gymen, ac y mae naturioldeb mynegiant yn beth hynod o bwysig mewn barddoniaeth gynganeddol. Mae'n wir nad oes dim byd gwreiddiol yn y pedair llinell yma, ond ceir ynddynt symlder taclusrwydd o draethu eu mater, ac y mae hynny'n cyfrif yn arddull y canu caeth. Gwelir fod cyfatebiaethau lled ddeheuig ynghyd â berf rededig yn y llinell gyntaf, a chynganeddiad treigledig hapus rhwng gorffwysfa a phrifodl yn yr ail linell. Cymeradwy gartrefol wedyn yw'r drydedd linell, ac y mae i'r bedwaredd linell hithau ei hatyniad. Ac eto, wedi ailgraffu'n fanylach ar yr olaf yna, nid yw rhywun yn gwbwl fodlon chwaith ar yr ansoddair 'hudol' fel disgrifiad o fis Mai, am y rheswm ei fod yn swnio braidd yn gyfarwydd yn y cyd-destun hwn. Fel y dywedodd Syr Thomas Parry unwaith: 'Ac wedi'r cyfan prif gymhwyster bardd i'w waith yw ei fod yn synhwyro pob ias a phigiad y geill gair eu rhoi i'w galon'. Gyda'r ansoddair dan sylw nid oes dystiolaeth o ymdeimlad felly o gwbwl. Yn wir, yr hyn a synhwyrir yw fod yr awdur wedi bodloni ar dderbyn y disgrifair mwyaf naturiol o addas wrth law at ei bwrpas, yn hytrach nag ymboeni'n fwy creadigol dreiddgar am eiryn i gyfleu cyfaredd Mai, gan y byddai geiriau dieithriach o fwy mentrus fel 'sgubol' neu 'gwefriol' dyweder, o fewn yr union gynghanedd uchod, wedi ateb y diben yn fwy ysbrydolgar.

Ond er nodi anghymwyster un gair fel yna, y mae digon o addewid ar ôl yn yr agoriad i'r darllenydd dybied fod yna gywydd gwerth chweil yn ei ddisgwyl, eithr yn fuan iawn wedyn fe sylweddola mai gwaith tra anwastad ei safon sydd o'i flaen:

Dien dwf dadeni dail,
Hardd wead iraidd wiail,
Trydar cynnar llais canu
Dyrïau coeth adar cu,
Cân mwyalchen o'r prennau
Mwyngainc ddioed o'r coed cau,
A brwdiaith y fronfraith fry
Glwysdon o ddeiliog lasdy.
Y llwyni dail, dillyn dwf
Gwiw rwydwaith blagur hoywdwf,
A blodau ar gangau gwymp
Ddegau o ddegau'n ddigwymp . . .

Mae angen sylwi ar anghyfaddasrwydd yr ansoddeiriau yn y dyfyniad yma. I ddechrau, ceir tri ansoddair llipa yn rhagflaenu enw yn y cwpled cyntaf: gair sobor o henaidd ei gysylltiadau bellach yw 'dien' mewn cyswllt â cheinder blaguro'r gwanwyn, a thra ystrydebol yw'r geiriau 'hardd' ac 'iraidd' i ddarlunio ieuengrwydd y dail; felly clwstwr o ansoddeiriau gwanllyd ynddynt eu hunain heb sôn am eu hanaddaster yn eu hunion safle o flaen yr enwau. Ac yn dilyn daw tri ansoddair arall o dymer gyffelyb – 'cynnar', 'coeth' a 'cu' – i gyfleu nwyfiant newydd adar y tymor.

Ac eto, siomedig yw cyfansoddeiriau'r darn: 'mwyngainc', 'glwysdon', 'lasdy', 'rhwydwaith', 'hoywdwf', 'brwdiaith'. Mae'n ofynnol bod yn wyliadwrus o greadigol gyda'r rhain yn ddi-feth rhag bodloni'n ddiarwybod bron ar enghreifftiau treuliedig neu ansoniarus hefyd ohonynt. Teimlir yn bendant fod y pum gair cyfansawdd cyntaf uchod yn perthyn i'r categori cyntaf, a'r un olaf i'r ail. Ni rydd yr un ohonynt olwg ffres o gyfansawdd ar egnïon gwyrthiol tymor y deffro.

Ond serch y diffygion a nodwyd y mae'n ofynnol rhoi gair o ganmoliaeth i awyrgylch ambell linell unigol. Ymdeimlwn â pheth o nerthoedd seinber yr ymysgwyd yn sgubiad cynghanedd Lusg y llinell 'Cân mwyalchen o'r prennau', ac â thoreithrwydd ei dyfiant yn nieithrwch ymestynnol y cwpled olaf, lle mae'r ddwy gynghanedd Sain foethus olynol yn fodd i gyfleu afradlonedd eu deunydd. Gyda chreadigaethau o'r fath y mae plethu cywydd o ragoriaeth ansawdd a chymeriad.

Eithr diffygiol drachefn yw trwch cynnwys yr ail ganiad i ddyfodiad yr haf. Y camwri pennaf yma yw gorddefnydd anfeirniadol o gynganeddion Sain, bron iawn hanner yr adran o ugain llinell, a'r rheini mor ddi-liw o wahanol i gyflawnder petalog y ddwy uchod, gyda'r gyntaf a'r olaf isod yn ddigon amhersain eu rhediad yn ogystal at hynny. Nid mor annyfeisgar â hyn y mae delweddu newydd-deb tymor yr haf, na chwaith gyfleu soniaredd y fronfraith trwy gyfeirio ati'n datgan 'araith' o frig coeden, dull sy'n atgoffa dyn o derminoleg mor anghymwys â phethau fel 'salm' y fwyalchen neu 'aria' yr eos a gafwyd cyn hyn gan eraill wrth ymdrechu i fynegi melodedd côr y wig:

> Gwelaf ddyfod haf hyfwyn
> A'i adar llafar i'r llwyn . . .
>
> Goludoedd swyn mwyn a'i medd . . .
>
> Cyfoethog dan heulog hin . . .
>
> Aderyn du'n canu cerdd . . .
>
> Araith bronfraith ar brenfrig . . .
>
> Minnau'n sŵn y lleisiau llon . . .

Ond unwaith eto nid yw'r caniad heb ei gyffyrddiadau deniadol. Dyma enghraifft o gynghanedd Lusg nawsaidd ei sylwedd i brofi hynny. Byddai rhagor o linellau fel hon wedi cyfoethogi'r cywydd yn ddirfawr:

> Hithau'r *berllan gyfannedd* . . .

A dyma drawiad gwreiddiol arall, mewn cynghanedd Sain y tro hwn, sy'n trosglwyddo ysbryd ei mater yn wefreiddiol o swmpus:

> Ffrwythau *yn foglymau glân* . . .

Ac mae'n rhaid tynnu sylw at un cyfansoddair trawiadol yn y caniad, y clymair 'ireiddgain' i ddarlunio sglein a llyfnder afalau newydd. Dyma esiampl o air cyfansawdd eneiniedig yn ei gyd-destun, un sy'n tryledu'r rhin suddog honno sydd i'w theimlo bob tro yng ngwedd a ffurf y gwrthrychau ifanc y cyfeiria atynt.

Ac yn wir, mae mwy o'r teip hyn o gyfleadau i'w synhwyro yn y caniad terfynol i barlys y gaeaf nag yn y ddau gyntaf i chwimder y gwanwyn a'r haf, fel petai'r cywyddwr yn ymdeimlo'n ddyfnach â cholli'r nwyfusrwydd hwnnw nag a wnaeth pan oedd yng nghanol ei bresenoldeb. Er enghraifft, ymglywir ag uniongyrchedd profiadus o chwithig, crynoder argyhoeddiadol, mewn pennill fel hwn:

> I'r berllan weithian euthum
> A gwae'n y fan a ganfûm,
> I bridd du bwriodd ei dail –
> Gwayw a ddaeth i'r gwiail . . .

A cheir tinc yr un chwithdod hiraethus yn cyniwair drwy symlrwydd llinell fel hon:

> Yn y coed gynnau roedd cân . . .

Wedyn, yr ymdeimlad o ddwyster gresyndod yng nghanol cymaint o grinder fferllyd. Mae'n wir mai enghreifftiau o fynegi cwbwl naturiol heb yr un troad ymadrodd nac addurn arall chwaith yn agos iddo yw barddoniaeth fel hyn, eithr, fel y nodwyd eisoes, gall mynegiant uniongyrchol o'r fath fod yn effeithiol iawn ar adegau, fel yn y cwpledi canlynol, gyda'u symlder geiriol yn llwyr argyhoeddi:

> Camwedd im weled cymaint
> Newid hin a dyfod haint . . .
>
> Noeth a gwyw, anrhaith gaeaf,
> Diliw wedd lle bu dail haf . . .

Eithr, at ei gilydd, a'i gymryd yn ei grynswth yn deg, cywydd anfoddhaol yw hwn, a hynny am ddau brif reswm, gyda pherthynas glòs rhyngddynt. Yn bennaf, nid yw'n llwyr ymgorffori ysbryd gwreiddiol ei fater, hanfod adnewyddol ryfedd y tymhorau mewn modd sy'n gwefreiddio darllenydd yn barhaus. Ac, o'r herwydd, cân sobor o anwastad ydyw. Dyma un o'r diffygion mwyaf poenus mewn barddoniaeth yn gyffredinol, os nad yr un mwyaf cyson ohonynt i gyd, sef codi disgwyliadau darllenwyr gyda chwpwl o benillion neu linellau cyrhaeddgar, dim ond i'w siomi'n unionsyth wedyn gyda chynnyrch cwbwl fflat, fel y gwelwyd drwy anghysondeb mynych y sbarc yn y cyfansoddiad dan sylw. Yn wir, gellir defnyddio union dymer y diffyg arbennig yma fel cynrychiolydd o'r hyn sydd i'w wylio rhagddo'n gybyddlyd o feirniadol yn gyffredinol ymhobman arall hefyd: ymegnïo'n reddfol i osgoi caniatáu i ddeffroad o wefr y trawyd arni mewn creadigaeth lenyddol gael ei diffodd yr eiliad nesaf ynddi gan farweidd-dra arddull a mynegiant. Felly, dau gamwedd yn codi o'r un gwendid sylfaenol a gafwyd uchod: diffyg gweledigaeth lywodraethol o wreiddiol i lywio'r cywydd yn dynn drwyddo, yn hytrach na'r patrwm traethodol a fabwysiadwyd o ddilyn trefn gyfleus amser, patrwm a reolai rediad ac ansawdd y cyfansoddi rhagor na chreadigolrwydd cyneddfau'r awdur ei hunan.

A dyna'r union wendid cwbwl farwol na chaniatéir mohono unwaith ar gyfyl y cywydd cynrychioliadol nesaf o destun yr adran hon, 'Y Gwanwyn' gan Alan Llwyd, gan fod iddo weled-iad canolog greadigol o ddi-syfl i'w iasol gymell rhagddo, ei grynhoi'n ddelweddaidd fesul cam nes ei ddirwyn i'w derfyn yn orfoleddus, sef yr hyn a arfaethwyd yng nghnewyllyn ei rith cychwynnol: yr ymdeimlad ysigol â'r ffaith anhygoel fod y dadebru mawr blynyddol yn gallu ymryddhau ronyn o gwbwl o afael difod-iant mor derfynol yr olwg â fferdod metalaidd y gaeafau, nes iddo ennill buddugoliaeth ysgubol ei hun arno fel y cyfyd tua'i uchafbwynt. Hollbwysig yw canfyddiad ffrwythlon ddechreuol, thema o welediad, fel hyn i gywydd, gan ei fod yn gweithredu megis pylsiadau tarddiant i ireiddio'r broses greadigol yn ei blaen. Un o'r ysgogiadau mwyaf i hyn yn ddiwahân, os nad y pennaf un, yw dylifiant cynnwrf cynganeddol, ac felly yn y cywydd hwn. Gwrandawer, mewn difrif, ar rwyddineb dewinol rhai ohonynt yn cyflwyno ysbryd eu mater, patrymau gwyryfol yn darlunio cymeriad eu hawyrgylch yn iasol:

> Pob coeden wen yn y wig
> *Yn goeden gywasgedig* . . .
>
> *Llwydrew'n fellt ar ywen fawr*
> Y llan yn llwydwyll Ionawr . . .
>
> *Crogedig yw Caer Gwydion*
> Ar flaenau canghennau hon . . .

Hefyd, y mae rhin wreiddiol ansoddeiriau'r cywydd, gan gynnwys y mathau cyfansawdd, yn deip o artistwaith i'w hefrydu'n fanwl:

> Lle'r oedd llarwydd *lleuerwyn* . . .
>
> Caenen o eira *cynnil* . . .
>
> Wrth gynnau'n goelcerth *gannaid* . . .

Wedyn, y mae ansawdd gymariaethol y creu, ei finiogrwydd a'i newydd-deb, yn un y talai'n ogystal i'w astudio'n glòs:

> A phren yr helygen lwyd
> Mewn newyn *fel mynawyd* . . .
>
> Y drain *cyn llymed â'r og*,
> A bedwen *fel blaen bidog* . . .
>
> Mae dylif a gorlif gwyn
> Y nant *fel chwerthin plentyn.*

A'r un fath gyda'r ysbrydoliaeth drosiadol wrth baentio marwolaeth yr heth ac adfywiad Ebrill yn gwanu-neidio ohoni:

Ac eira ar goed gorwag
Yn groen gwyn am esgyrn gwag.

A bodiau duon bedwen
Yn fain gynt drwy faneg wen . . .

Ac anelir gwenoliaid
At darian haul, tra y naid
Ŵyn ar dwyn nad yw yno:
Mae'r ddaear glaear *heb glo . . .*

Ac yna, craffer ar y modd y try crefft y bardd yn gelfyddyd gynganeddol o dair agwedd organaidd yn y pennill isod, enghraifft sy'n gyson nodweddiadol o weddill y cywydd: y goferu dyfeisgar o un frawddeg gyfan dros ymylon y cwpledi, â'i rythmau estynedig yn cyfleu hir-aros y gaeaf; yr amrywiaeth o acennu cynganeddol yn ymffurfio'n fosaig clwm o'r rhyndod hwnnw, a'r ffordd y graddol grwn ymrithia ffurf bywyd holl thema ddirwynol y gwaith i'r golwg o'i gaethiwed yn y cwpled olaf:

Lle'r oedd yn gannoedd gynnau
Ar goed, â'u llygaid ar gau,
Flagur, a phob blaguryn,
Wedi cau'i amrannau rhyn
Yn bylni trwm, fel blaen troed
Oen egwan, a'r teneugoed
Oll i gyd yn llygadu
Trwy flagur didostur, du,
Agorir o'i gwsg araf
Garn hollt y blaguryn haf.

Cywydd naturiol o artistig yw'r uchod, yn yr ystyr fod yna rwyddineb celfyddydol o ddisgybledig i'w holl gwmpawd, gyda chreadigolrwydd y gynghanedd yn lleueru'n ddelweddaidd drwyddo. Golyga hyn ei fod yn adlewych gwir deilwng o'r mater mawr yr ymdriniodd ag ef, sef un o ffasedau gwyrthiol bwerus byd Natur: gwyrth y Gwanwyn yn ailgynnau fel erioed o rynwyll cwbwl ymddangosiadol farw'r Gaeaf. Ac oblegid hyn y mae'n gywydd, ar sail y moddau y bu iddo gyflawni hynny fel yr amlygwyd uchod, sydd yn batrwm o gyflwyniad o'i briod faes.

LLEOEDD

YM MHRIFWYL Y BALA, 1967, gosodwyd 'Penllyn' fel testun y cywydd, testun addawol a ddylai fod wedi esgor ar o leiaf un cywydd o ansawdd, ond fel sy'n digwydd weithiau gyda disgwyl-iadau o'r fath, siomedig odiaeth fu'r canlyniad: cywydd symol Robert Owen, Llanllyfni, a wobrwywyd, gwaith sy'n esiampl o'r elfennau diffygiol hynny y dylid eu hosgoi i'r eithaf gan bob cywyddwr â thipyn o uchelgais yn perthyn iddo.

Yn gyntaf, y nodwedd groniclaidd. Mae hon yn elfen farwol i'w mabwysiadu mewn canu cynganeddol, un sy'n siŵr o ystrydebu trawiadau ei chyfrwng, ac felly'n peri cynhyrchiad diflas o rydd-ieithiol fel arfer, sef mydryddu tebyg i hyn yn y cywydd dan sylw:

Uchel fagwrfa iachus
Gwŷr awen a llên a llys;
Tir bonedd ddoe a heddiw,
Tir teg wŷr, tir y tai gwiw.

Wedyn, eir ymlaen i draethu ffeithiau yn yr un dull drwy sôn am y modd y bu Penllyn erioed yn '(f)ur mawr' rhag poen 'i'r Gymraeg lon', yn 'hendud wledig oludog', ac fel y bu i'w 'meibion dynion' ei gadael yn ddi-dor 'fel ar fwnwgl ton'. Parheir ar yr un tac traethodol yn y pennill nesaf, ond sylwer hefyd fel y bywiocéir ei ddiwedd gan y math o sbarc geiriol a bair i ddyn foelyd ei glustiau am unwaith. Roedd angen rhagor o fflachiadau o'r fath ar bylni'r cywydd hwn:

> Ni ddônt hwy yn ôl mwyach
> I nef bell pentrefi bach;
> Estron ddaw yno â'u hystryw,
> Gwae'u bod, fel i gogio byw;
> *Barbariaid byr eu bore,*
> *Gwŷr Lloegr i seisnigo'r lle.*

Yn ogystal, pethau y dylid eu gwrthod yn syth fel y dônt yw'r llinellau canlynol. Mae syniadaeth rethregol fel hyn yn tueddu'n anochel o hyd at fynegiant haniaethol:

> Nid â o gof, da y gwn,
> Yn oes oesoedd ei Sasiwn;
> Hoedl a nerth i'n cenedl ni
> Ddoe, a thân ddaeth ohoni,
> Drwy oreugwyr, purwyr pau,
> A gwŷr enwog aur-enau.

Ac ynghyd â'r corff yma o gyffredinedd, fe ddiweddir y cywydd gyda phennill sydd braidd yn ddynwaredol o ddeisyfiad enwog Cynddelw yng nghywydd enwog 'Berwyn' ynglŷn â'i gladdedigaeth: 'Gwedi f'oes a gloes y glyn/O! am orwedd ym Merwyn!/. . . Tua'r lle bu dechre'r daith /Af yn ôl i fy nylaith'. Camwedd go anffodus mewn gwaith gwreiddiol yw atgoffa darllenydd yn bur ddigamsyniol o dinc a byrdwn gwaith creadigol arall, yn enwedig un mor adnabyddus â chywydd Cynddelw:

O chaf, pan glwyfaf i'r glyn,
Im unlle, rhowch fi 'Mhenllyn;
Yno byth mewn graean bedd
Gwyrdd erw fel gardd i orwedd;
Dychwelyd i'm tud o'm taith,
Yn ôl i Benllyn eilwaith.

Yr hyn sy'n sylfaenol o'i le ar y cywydd hwn yw na chreodd yr awdur ynddo ei Benllyn arbennig ei hunan, ei amgylchfyd newydd bersonol ei hun, eithr yn hytrach dibynnu ar ffeithiau hanesyddol ail-law i'w clytio'n gronoleg o gynhyrchiad arwynebol. Deunydd haniaethol o anhyblyg yw pwnc o'r fath – hanes cymdeithasol, diwylliannol a chrefyddol rhyw ardal neu'i gilydd – at bwrpas barddoniaeth, er gwaethaf ei sylwedd uchelgeisiol, gan nad yw'n ei fenthyg ei hunan yn rhy barod o gwbwl i'w drawsnewid yn fynegiant amryliw o ddiriaethol. Nid bod her o'r fath yn amhosibl efallai, dim ond bod angen bardd o gryn brofiad ac adnoddau i'w chyflawni.

Gyda chywydd rhagorach lawer ei ansawdd fel 'Nant y Pandy', Roland Jones, gwelwn fardd yn cyflwyno gwir anianawd mangre arbennig o'i brofiad unigryw ef ei hunan ohoni, sef yr ardal yn nhueddau Llangefni, Môn, yn yr achos yma. Egyr gyda gloywder o drosiad sy'n rhwydo'n sylw ar unwaith, ac yn ei gyfnerthu'n glòs wedyn gyda chymhariaeth yr un mor bersain gyfareddol:

Mae nant o basiant y byd,
A dwfr sy'n edau hyfryd. . .

Mae nant a'i chyfeiliant fel
Noswynt mewn dyffryn isel . . .

Yna, drwy gyfrwng ansoddair, enw a berf gyfewin o awgrymog consurir awyrgylch oesol y lle mewn cwpled naturiol ei fynegiant, ac fe gadarnheir hyn eto gan drosiad consuriol arall yn y cwpled dilynol, y cyfan yn ymgordeddu'n gynganeddu gorffenedig o foddhaol:

Oesoedd *melyn* er cyn co',
A'u *swyn* a *erys* yno;
A hesg hydref yn sefyll
Yn rhengau cad rhwng y cyll.

Ac ymlaen wedyn i lanw'r darlun yr un mor fyw o ddelweddol gyda bywyd egnïol brodorion gwyllt y llannerch yng ngoleuni eu hamgylchedd:

Mae'n ei phowlen serennog
Eples i'r gerdd, plas i'r gog;
Heulwen berl yn y bwrlwm,
Nadredd ar y llechwedd llwm;
Brych a chnocell yn cellwair,
A gweilch yn caru'n y gwair.

Ac fe gyflwynir ysbryd y presenoldeb dynol sy'n nodweddu'r lle ac yn ymdoddi mor gyfriniol i'w fynwes gyda delwedd go ddiangof:

Yn araf daw genweiriwr
Gyda'i gelc ar stelc ddi-stŵr;
Dilyn lif rhadlon y wlad,
A'i ddwylo'n llawn addoliad.

I ddiweddu, dolennir rhin y ddarluniadaeth gyfan gyda swyn nawsaidd dechreuad y cywydd, ac yn yr unoli yma fe fynegir ystyr ysbrydol y lle i'r awdur:

Mae balm ar orthrwm y byd
Yn nwfr hen Gefni hyfryd.

Tra bo'n hon bwll a thonnen
Yn fwynhad, nid af yn hen.

Mae 'Nant y Pandy' yn gywydd sobor o ddengar yn ei gategori ei hun, sef fel cywydd i le penodol, am fod ei gyflead o fywyd a naws yr union lecyn hwnnw'n argyhoeddi dyn o'i ddilysrwydd.

SERCH

YM MHRIFWYL 1971 fe gafwyd cywydd serch o waith W. T. Gruffydd, Llangefni, a chryn addewid thematig iddo, sef bod y ferch a oedd ym mywyd y bardd dan sylw'n perthyn i deulu rhy uchel i'w safle cymdeithasol ef nes ei orfodi i'w gadael, ond er hynny'n aros yn wrthrych ei ddelfrydau am weddill ei oes. Hanner y wobr yn unig a ddyfarnwyd i'r gwaith am na wnaed chwarae teg â'i botensial gan safon y mynegiant, ffaith sy'n profi fod gweledigaeth drawiadol yn hawlio cyflead teilwng ohoni, neu fe'i gwastreffir. Ond eto, pe bai'r cywydd hwn wedi cadw drwyddo at safon gryno drawiadol ei agoriad byddai'n gynnyrch llewyrchus ddigon:

Trwy'r dydd crwn ni welwn neb;
I'r enaid aethai'r wyneb . . .
Noddai'r crychwallt gwineuddu
Ddihafal geindal y gu . . .

Ond wedyn, yn rhyfedd o anffodus, dirywio'n gyson a wnaeth sglein y cyflwyniad i arddull lwydaidd o ddiddyfais. Fel y dywedodd y beirniad, Tilsli: '. . . y mae gormod o flas hen oes ar yr eirfa a'r gystrawen', condemniad a adlewyrchir yn glir dro ar ôl tro wedi'r agoriad:

Seiad ddisiarad ddwys oedd;
Mwyn adeg *cymun* ydoedd,
Ond i edlych gor-uchel
Oedd purwin dy fin a'i fêl.
Digon i'r galon oedd gwasg
Llaw'r *fanon* a llw'r feinwasg . . .

Wedi dydd blin drybini
Gwych yw *gras* dy *deyrnas* di,
Gynnes frenhines yr hwyr,
Lleisiaf iti fy *llaswyr.*
Lleddfir fy ngorferw firi
Yn noethineb d'wyneb di.

Nid gyda thermau a brawddegu hynafol o'r math yma roedd cyfansoddi cywydd serch ar gyfer un o Eisteddfodau Cenedlaethol ail hanner yr ugeinfed ganrif. Heblaw am y ffaith ei fod yn anacronistaidd o fewn y cyfnod, yr oedd cyffredinedd y cyflead hefyd yn gostwng safon y cywydd yn ddifrifol. Yn wir, bu'r awdur yn sobor o ffodus i dderbyn hyd yn oed cymaint â hanner y wobr amdano!

Os oedd cywydd 1971 dipyn yn hen-ffasiwn, fe gynhwysodd Robin Llwyd ab Owain gywydd serch cyfan mewn arddull gyfoes iawn yn awdl arobryn 1991, 'Awdl Foliant Merch ein Hamserau'. Ynddo, fe ddelweddwyd y profiad o fod mewn cariad fel siwrnai ogoneddus drwy droadau bywyd, cyflwyniad yn tyfu'n gyfaddas newydd o weledigaeth amheuthun ar bwnc a ofynnai am hynny:

. . . Car ar daith o'n crud yw hwn,
Trwy orfoledd trafaeliwn.

Ac o'r agoriad yna ymlaen, fe dynnir darlun ar ôl darlun o daith un o brofiadau angerddol gynhenid yr hil ddynol yn ei holl ffasedau gyda gwreiddioldeb cywirgalon, patrwm o gywydd o'i fath. Mor naturiol â hyn y lleisir y cwerylon bach fflamiol hynny sy'n ffrwydro weithiau rhwng cariadon didwyll:

> Cariad yw mynd a'th adèl,
> Ffoi ar wib heb ddweud ffarwél
> A ffraeo cyn ffustio'r ffôn
> I'w grud – a ni'n gariadon!

Mae hyd yn oed y cyffyrddiad o athronyddu a geir am natur cariad yn unol ddengar â gweddill y cywydd:

> Hyn, Erin, ydyw cariad:
> Poeri i wynt ein parhad
> Ac ail-lunio rhagluniaeth
> Ein taith bell er gwell, er gwaeth.

Yn ogystal, cynnil o awgrymog yw'r cyfeiriad at agwedd emosiynol y gyfathrach rhwng dau:

> Cariad yw hel profiadau
> Ynghyd a'n llygaid ynghau:
> Ffoi ar fodur ffair Fedi
> I nos dawdd dy fynwes di.

Hefyd, sylweddolir dyfnder arwyddocâd y berthynas gyfareddol rhwng y bardd a'i anwylyd fel llinyn parhad o dras eu gorffennol ac ymlaen drwyddi tua hil y dyfodol:

> Fel swyn nyth, fel les hen Nain:
> Mae parhad cariad cywrain
> Trwy'n tylwyth yn gweu pwythau
> Neilon o'n breuddwydion brau.

Ac fe orffennir yn aruthrol dyner drwy ddatgan dadrithiad cariadon yr oesoedd ynglŷn â chyflymder ehediad dyddiau glasoed eu serch:

> Cariad ni wêl aceri
> Rhyddid ein hieuenctid ni
> Yn gwibio heibio o hyd:
> Buan yw traffordd bywyd.

Mae hwn yn gywydd sy'n cyfleu tymer carwriaeth yn y byd cyfoes sydd ohoni, a'r un pryd yn cynnwys ei helfennau oesol yn ogystal, gan glymu'r cwbwl gyda'r un ansawdd ddengar o barhaus drwy gydol ei grynswth. Cywydd o gymeriad patrymol arall!

MARWNAD

WRTH FEIRNIADU'R CYWYDD COFFA i Alwyn D. Rees (1911-1974), cefnogwr a hybwr digymrodedd y Gymraeg, yn Eisteddfod Genedlaethol 1980 fe nododd R. Geraint Gruffydd egwyddor bur sylfaenol parthed gofynion y math yma o gywydd:

> 'Tri pheth a ddylai fod ar farwnad', yn ôl *Pum Llyfr Cerddwriaeth* Simwnt Fychan, 'argyllaeth, cwynfan a dyhuddiant', sef galar, cwyno a chysur – galar oherwydd amddifadu'r gymdeithas o rinweddau'r ymadawedig, cwyno fel mynegiant o'r galar hwnnw a chysur ar gyfer y rhai a adawyd ar ôl. Fe brofodd hon yn fformwla ffrwythlon ar gyfer y cywydd marwnad dros chwe chanrif a hanner bron, er bod mynych ychwanegu ati wedi digwydd o dro i dro.

Ond pa newidiadau bynnag a gafwyd yn achlysurol, ac anochel hefyd mae'n siŵr, ar sowndrwydd gwaelodol dysg yr hen athro, fe arhosodd un egwyddor yn gwbwl ddi-syfl yn arfogaeth y cywyddwyr gorau yn erbyn hen elyn digyfnewid y canrifoedd: grym angerdd.

Ac yn y Brifwyl dan sylw fe gydnabuwyd cywydd Ithel Rowlands, Machynlleth, wedi rhywfaint o betruso, gyda hanner y wobr. Canmolwyd enghreifftiau o '[dd]weud cywasgedig a grymus' ynddo, ond hefyd fe gondemniwyd ei duedd i 'gymysgu diriaeth a haniaeth' ynghyd ag 'ambell gaff gwag o ran dewis gair'; mewn gair, dioddefai'r cywydd gan anwastadrwydd ansawdd mynegiant. Cymerwn olwg ddadansoddol ar y cymysgedd yma wrth iddo beri i dymhorau natur gynrychioli gwahanol ffasedau ar lafur a dylanwad yr ymadawedig, thema'r gwaith:

> Mae'r awel wynt? Mae'r ir lais
> I'n hirlwm, y myfyrlais?
> A golud gweld mewn gwlad gaeth
> Egin ein gwaredigaeth?
> I farwaidd iaith gwefr a ddug
> O emau ei ddychymyg.

Rhagorol o ffrwythlon yw'r cwpled cyntaf wrth ofyn yn hiraethus ymhle y mae naws lleferydd ei wrthrych ynghanol caledi'r amgylchfyd, ac yn wir derbyniol ddigon yw'r ail gwpled sy'n synio fod i'w weledigaeth lun o ymwared i gyflwr y genedl, gyda'r un tinc o golled ymhlyg ynddo. Ond yn llinell glo'r cwpled olaf, fel sy'n digwydd yn rhy fynych o lawer mewn barddoniaeth yn gyffredinol, cawn gwymp sydyn oddi wrth safon: ymadroddi cymysglyd o ddiawen yn dweud fel y bu i berlau dychymyg yr ymadawedig fod yn foddion i wefreiddio marweidd-dra'r Gymraeg! Disgynneb ddigamsyniol o'r iawn ryw!

Ceir yr un anwastadrwydd safon drachefn yn y pennill yma:

> Daeth Gwanwyn drwy'r cadwynau,
> Her ei ddawn yn dinc rhyddhau:
> Dwyn iau un gadwyn ni all

Addewid ei fawr ddeall:
Er myctod, atgyfodir
Y nant i'w hoen yn y tir.

Ceir syniad addawol yn y cwpled cyntaf: y Gwanwyn fel delwedd o sialens a dawn y gweledydd yn torri'n flas rhyddid drwy ormes ein caethiwed. Eithr yn yr ail, unwaith yn rhagor, ceir haniaethu pur letchwith mewn asiad â'i gyd-destun delweddol. A hyd yn oed yn nyrchafiad safon y cwpled olaf, go brin mai 'myctod' yw'r gair mwyaf priodol i gyfleu'r union orthrwm gaeafol a goncrir gan yr adfywiad gwanwynol. Yn yr amgylchiad ffigurol hwnnw byddai gair fel 'fferdod', dyweder, yn gweddu'n well o lawer.

A dyma un esiampl olaf arall i amlygu'r chwithdod a achosir gan y methiant i ddefnyddio'r geiriau mwyaf cymwys yn eu cyd-destun:

Anogi'n fflam y llugoer,
A herio Mawrth y storm oer,
Yr ynad erch â dwrn dig
Yn rhoch wawdio'r ychydig . . .

Mae'r cwpled cyntaf yn burion, os caeir llygad ar ystrydebedd yr ansoddair 'oer' ar ôl 'storm', ond rhyfedd eilwaith, a dweud y lleiaf, yw natur mynegiant yr ail gwpled, geiriogi gydag elfen ddi-chwaeth hyd yn oed yn perthyn iddo.

Ac eto, cyn diwedd y cywydd, doir ar draws dau gwpled sy'n dangos fod gwreiddyn y mater gan y bardd hwn, cwpledi sy'n deilwng o fawredd eu pwrpas, ac yn datgan gwerth cymynrodd wydn y cymwynaswr i'w genedl, agwedd gysurlon y gerdd, a phe bai'n dwyn urddas ac awra'r rhain yn ei chyflawnder byddai'n greadigaeth amhosibl i'w hangofio:

A byw yn aberth a bedd
Er hedyn yr anrhydedd . . .

Ias ei farn yn wrid arnom,
Hyder hwn yw ein croes drom.

Ond fel y saif, cywydd yw hwn sy'n dangos yn glir fel y mae darnau o dymer ddiffygiol bob amser yn gallu bwrw eu cysgod dros rannau rhagoriaethol eraill y cynnyrch, yn benodol yn ei achos ef yn pylu ei gyffyrddiadau o angerdd, prif anghenraid y cywydd marwnad.

Eithr y mae'r cywydd nesaf sydd i gynrychioli'r *genre* yma ar ei orau yn gwbwl rydd o unrhyw anwastadrwydd sy'n tarfu ar angerdd ei alarnad, cywydd coffa Gerallt Lloyd Owen i Rhydderch Jones (1935-1987), y dramodydd a'r comedïwr. Cywydd coffa yw hwn sy'n canolbwyntio ar y cyferbyniad echrydus sydd rhwng y stad o fod yn fyw a'r un o fod yn farw, egwyddor a bwysleisiodd y bardd ei hun fel hanfod cyfrinach canu galarus da yn ei feirniadaeth ar gystadleuaeth y Gadair yn Eisteddfod Genedlaethol Ynys Môn, 1983. Dyna pam, o bosibl, nad oes ronyn o'r agwedd gysurlon a gymhellwyd gan ddysg Simwnt Fychan yn y gwaith, un o'r amrywiadau ar hynny, mae'n debyg, a grybwyllwyd uchod ym meirniadaeth y cywydd ym 1980.

Yn wir, agorir y cywydd gyda chollfarn iasoer ar ragluniaeth Duw ynglŷn â bywyd dyn:

Ni wrendy Duw ar undam,
nid yw Duw yn hidio dam
fod dyn yn darfod unwaith
a dail ar goed lawer gwaith.
Heno, a'r dail ar Wynedd,
un waith am byth y mae bedd;
un bedd yn y llechwedd llwyd,
un Rhydderch yno roddwyd.

Ond nid yw'r cyfryw safbwynt yn tynnu dim oddi wrth wychder y farddoniaeth. Yn wir, os rhywbeth y mae'n ychwanegu ati, yn foddion i finiogi ei thema. Yng ngoleuni hyn, ymglywer â'r wefr o eironi sy'n hydreiddio'r pennill canlynol sy'n mynegi pa mor orfoleddus o fyw oedd Rhydderch cyn awr yr ymadawiad:

Yr un oedd mor wahanol
i ni i gyd, yr un ag ôl
bywyd arno; pob diwrnod
i'w fyw hyd eithaf ei fod;
byw'r awr fawr ddiyfory,
byw'r awr olaf hwyaf fu.

Ac yna'n dilyn, tanlinellir â min rasel y gwahaniaeth echryslon sydd bellach rhwng ei gelain oerllyd mewn bedd a'r talp afieithus o gymeriad a fu ar dir y byw unwaith:

Aeth awr fawr ei ddifyrrwch
i'r un lled â'i fymryn llwch.
Ynddo'i hun ei neuadd aeth
yn neuadd ddigwmnïaeth;
neuadd wag heb ynddi win;
daear sy'n safn y dewin.
Geiriau ydoedd, gwair ydyw,
dawn dweud oedd, mudandod yw.

Ac i orffen, dychwelir at y ddelwedd o ddail, y sylweddau hynny a lunnir yn otomatig fythol, fel ag i bwysleisio pa mor wir derfynol yw marwolaeth yr ymadawedig arbennig yma, y galar eithaf am ddifodiant ei holl rinweddau, ac yn wir yn sgil hynny ddifodiant anochel rhinweddau bywyd pobun arall rywbryd neu'i gilydd yn ogystal:

Drama fawr yn drwm o fud,
drama mab â'i dir mebyd;
llwyfannwyd ger Llefenni

ei hact olaf araf hi,
a'r dail, dail, fesul deilen
ar y llwch yn cwympo'r llen.

Cywydd yw hwn sy'n amlygu'r rheidrwydd pwrpasol hwnnw i gael asiad organaidd rhwng ysbrydoliaeth neu weledigaeth thema a chyflead gwir awenyddol ddi-dor o'r ysbrydoliaeth honno neu'r weledigaeth honno cyn y gellir creu dim sydd o werth arhosol.

YSGAFNDER

FEL GYDA MESURAU ERAILL yn gyffredinol y mae'r cywydd yn ei fenthyg ei hunan hefyd yn hyblyg ddigon i brydyddu ysgafn neu ddigrif pan fo gofyn am hynny, ond ar yr un pryd mae'n ofynnol deall, wrth gwrs, nad oes disgwyl i gywydd o'r math hwn, pa mor dda bynnag y bo, fyth esgyn i arwyddocâd na safon un difrif o sylweddol ei natur. Eithr er dweud hynny y mae i oreuon y cywyddau difyrrus yma, yn ôl pob golwg, eu hegwyddor unigryw eu hunain, heblaw am ofynion sylfaenol eraill Cerdd Dafod wrth reswm, sef bod yna dipyn o swmp i'w smaldod, dogn o ansawdd i'w hiwmor, yn hytrach na'u bod yn dalpiau o wamalrwydd comig yn unig, fel y mae cywyddau digrif mwy simplistig eu natur yn dueddol o fod.

Felly, gan gadw hyn mewn cof, yn awr cymerwn olwg ar ddau gywydd sy'n esiamplau amlwg o'r ddau fath yma, er mwyn gwerthfawrogi'r gwahaniaeth yn swmp y difyrrwch rhyngddynt. Er enghraifft, cywydd uniongyrchol un haenen o ysgafnder yw eiddo Cledlyn i'r Corgi, ac fel enghraifft o'r teip hwnnw y mae'n ddigon llithgar o ddi-fai, gyda'r cynganeddu'n nwyfus, y tempo'n sionc, y defnydd o eiriau benthyg Saesneg yn ogleisiol a'r trawiadau oll yn chwareus:

Credwch fi, mae'r corgi call
Yn curo pob ci arall . . .

At y plant, pwy o'i ail o,
Ar aelwyd pan fo'n rholio
O flaen tân, fel oen tyner,
Beth ydyw? Byw Dedi Bêr!

Mae iddo hiwmor iachus yn ogystal:

. . . Doed clamp o dramp at y drws,
Neu ryw stŵr draw o'r storws,
Bydd ein corgi ni'n troi'n arth,
Ond cofiwch – dim ond cyfarth;
Waeth pasiffist yw Bisto;
Ni thry'r ddadl yn badl lle bo.

Ac nid yw ffraethineb joclyd yn absennol ohono chwaith, ac mae'r adfer ar yr hen arfer o ddiystyru 'n' ganolgoll a geir yn y llinell olaf a ddyfynnir isod, yn ogystal â'r ffaith mai cynghanedd Croes o gyswllt yw'r llinell, fel pe'n rhan o ysbryd yr holl hwyl:

Gorgi gwâr! Er nad barwn
A diwc ef ym myd y cŵn,
Yn driw y dwed ei rawd o
Nad bastard ydyw Bisto . . .
Gwna'i wadd i neuadd o nod
Fwrw i hwn ryw fri hynod;
Y ddoe, agorwyd y ddôr
Iddo i wenswydd yn Winsor!

Felly, cywydd digon derbyniol o'i fath yw hwn, cywydd difyr o unolygwedd yn unig, sef cywydd yn llinynnu difyrrwch unfodd o syml ynglŷn â nodweddion rhywogaeth un teip arbennig o gi.

Yn awr, trown at gywydd digrif arall sydd â mwy o drwch sylwedd i'w ysgafnder, i ganfod y modd yr ychwanega'r elfen hon gryn fesur o fin, ynghyd â swmp, at rinweddau gwreiddiol ei smaldod, ''S Dim Ots' gan Dic Jones. Gwaith yw hwn sy'n sbortlyd feirniadu'r cwymp honedig mewn ymddygiad a safon a geir gyda phopeth yn y byd modern artiffisial sydd ohoni:

'Does dim ots 'r un ffagotsen
Yn awr am ffasiynau hen . . .
'S dim ots fod y brestiau mâs
Neu i'w canfod drwy'r canfas,
A dim ots fod merched mwy
Â gwaelodion gweladwy.

Ac yna'n gymysg â'r doniolwch yma daw'r elfen arall feinach ddychanol honno a nodwyd sy'n taenu diferion o roch drwy'r cymysgwch:

'D oes dim ots fod Methodsus
Yn y bar yn codi bys,
Na'r eglwysi'n gweiddi'r sgôr
Yn y Bingo yn Bangor,
'S dim ots mo'r dam am Famon
Na Duw'r saint gyda'r oes hon.

Troi at wamalu'r eilwaith, y tro hwn am farddoniaeth dywyll yr oes:

'S dim ots fod pryddestau mwy
Yn Lladin annealladwy –
Llinell faith a llinell fer
A gair unig ar hanner,
'S dim ots mai dots wedi'u hau
Yw eu bali sumbolau!

Ond ar yn ail o hyd y mae'r cyffyrddiad llymach o hyd yn dirwyn drwy'r cywydd, fel dychan cyrhaeddbell ar rai o arferion ei gyfnod:

'S dim ots am fynegbyst mwy –
Ar y dewr rhodder dirwy,
Oni thâl ar unwaith hi,
Da iawn – y jâl amdani.

Ac fe orffennir gyda chwpled sy'n crynhoi'r gwir ystyr sydd i natur gellweirus y cyfan o'r digrifa:

Aeth yn fyd, fyth na fydwy',
Na 's dim ots fod dim ots mwy.

Mae hwn yn gywydd tra sgilgar yn ei gategori ei hun, ac os am greu ysgafnwaith sy'n gyfuniad o ansawdd barddonol a thipyn mwy o drwch nag a geir yn fynych yn y maes penodol hwn, dyma'r math o batrwm i'w ddilyn. Arferai'r digrifwr Eirwyn Pontsiân ddweud yn aml nad ydym yn cymryd ein digrifwch yn ddigon o ddifrif, os felly dichon fod y teip arbennig yma o farddoniaeth ysgafn yn un cam o leiaf tuag at gyrraedd y sylwedd croesawgar hwnnw.

CRYNHOI

CREU CYWYDD

BELLACH, AR ÔL TRIN A THRAFOD hanfodion y cywydd a'u pwrpas mewn manylder, mae'n bryd rhoi'r holl gyfarwyddiadau uchod ar waith, hynny yw, mynd ynghyd â'r ymarferiad o greu cywydd mewn modd mor agos byth ag y gellir i'r dulliau y bydd cywyddwr profiadol yn eu harfer dan gymhelliad awen.

Felly, yn gyntaf, rhaid wrth anogiad gweledigaeth ar ffurf symbyliad o ysbrydoliaeth, hanfod rhithlun pob gwaith o gelfyddyd. Mae hyn yn dra anodd i'w gyflawni gydag ymarferiad o'r natur yma heb ymagweddu'n bur artiffisial, ond gellir cael ymdeimlad gweddol agos o'r peth drwy alw ar brofiad sy'n wybyddus i ni oll, un o brofiadau mwyaf cynhenid gyffrous yr hil ddynol: cyffyrddiad ias gyntaf presenoldeb y gwanwyn, ar ei dro tymhorol, ym môn ymwybod dyn. A hefyd y mae'r cyfryw thema'n un fyw o briodol at ei chyflwyno drwy gyfrwng mesur y cywydd, yr ail ysytyriaeth sy'n ofynnol i'w manwl gysidro cyn dechrau gweithio ar unrhyw fath o gerdd, priodoledd y cyfrwng i'w ddeunydd. Felly'n awr mae gyda ni welediad profiadus o ddilys ein hunain a'r sicrwydd fod ein mesur yn un cyfaddas at y gwaith. Eithr gan fod i'n mater ysbryd cynddelwaidd o oesol, a chan hynny'n un tra chyfarwydd, mae'n ofynnol ei gyfleu mor iraidd o wreiddiol ag y bo modd, er mwyn ceisio bod rywfaint yn wahanol i'r myrdd cerddi eraill a ganwyd eisoes ar agweddau lled debyg ar yr un pwnc. Felly, bellach, y mae fel 'tai naws bur gyfan o addawol i'n prosiect, a chan hynny, cyfleu arwyddocâd gwaelodol hwnnw fydd ein gwaith, dyna'n thema. Mae'r fath brociad yn siŵr o fod yn un pur ddi-feth i ddal yn ei flas hyd ben ein siwrnai, ac yn cynnwys digon o gyffro gwefr i gadw bywyd o ansawdd parhaus yn ein trosglwyddiad: un o angenrheidiau pennaf y broses greadigol fel y gwelsom yn barod.

Felly, ar ôl y rhagarweiniad cwbwl anhepgorol yna, dechreuwn arni. Mae gofyn sicrhau agoriad teilwng, un a fydd yn ennyn sylw a diddordeb â'i ffresni cynganeddol yn ogystal â'i newydd-deb meddwl. Felly, gyda thestun fel hyn, beth am ddelweddiad sensitif o'r hen braidd-ddeffroad cysefin hwnnw o'r cyffyrddiad gwanwynol cyntaf a fu'n gwsg mor hir yng ngwaelod yr ymwybyddiaeth, sef uniaethu'r math o gyniwair sy'n cerdded sylweddau natur ei hunan â'r trydan sy'n rhedeg drwy'r nerfau dynol ar ddirwyniad cychwynnol y blaguro wedi meithder y gaeaf, rhyw gwpled dechreuol o'r natur yma efallai?:

Yn y gwaed mae fel 'tai gair
Newydd yn rhyw gyniwair.

Edrychwn yn ddyfnach arno. Ydyw, y mae'r llinell gyntaf yn ddigon dramatig i gadw ei lle. Y mae i'r brifodl ei naws greadigol yn rhediad y llinell, un sy'n cynrychioli i'r dim y 'bydded' bythol sy'n cymell y gwanwyn i'w dwf yn flynyddol, ac mae iddo bedigri digon anrhydeddus hefyd, heb ei fod yn union adleisio ar hwnnw chwaith, oblegid mae gan R. Williams Parry gerdd, 'Yr Haf', sy'n datgan mai cyffroad o natur rhoi'r 'gair' megis sydd wrth wraidd yr anogaeth ddirgel flynyddolol yma gyda phob cylchdro o rod y fam ddaear: 'Fe roed y gair, fe ddaeth yr haf'. Ac eto, nid yw popeth fel y dylai fod chwaith: nid yw gorffwysfa ddechreuol yr ail linell, yr ansoddair 'newydd', yn rhyw foddhau o gwbwl fel y dylai. Yn un peth y mae'n swnio'n afrosgo o unochrog o fewn symudiad yr uned, a'r rheswm yw am ei fod yn olynu terfyn y llinell flaenorol mor sydyn o ddidoriad. Eithr yn waeth na hynny nid oes dim byd gwreiddiol yn perthyn iddo, mae'r arfer o alw cyrhaeddiad Mawrth neu Ebrill fel ffenomen 'newydd' yn dra ystrydebol, yn enghraifft baradocsaidd lle mae'r ansoddair 'newydd' yn swnio'n dreuliedig o hen! Nid oes dewis gennym, y mae'n rhaid synhwyro'n ddyfnach ar ôl geiryn arall, mwy cyfoethog, a hynny ymhob agwedd ar y cyd-destun. Gadawn weld, mae'r gair 'gwaed' yn ei ragflaenu gennym. Mae hynny'n taer sibrwd mai darganfod rhyw derm a fyddai'n cydasio â hwnnw ac yn cydweddu'r un pryd gydag ymffurfiad y tymor newydd-anedig sydd ei angen arnom. Beth am rywbeth fel 'brigyn' neu 'eginyn'? Ond 'does yr un o'r rhain yn cyfateb ag acen lafarog y berfenw 'cyniwair', ar derfyn y llinell, sy'n air bendigedig i gyfleu union lithriad yr egni gwyryfol dan sylw ar hyd tyfiannau'r ddaear, fel na thâl ei newid ar unrhyw gyfrif. Felly, beth am 'gwiail'? Mae yna acen lafarog i'r gair hwnnw, ac mae'r ystyr yn cyduno'n berffaith gyda 'gwaed', gan fod meinwe ffurfiau'r mangoed hynny'r un delw'n union â gwythiennau'r corff, a hwy hefyd yn eu noethni tenau yw'r llinynnau cyntaf y bydd rhagflagur y deffro'n ymgripio gyntaf ar eu hyd. Dyna ni wedi cael ein gair, un â blas trosiadol iddo hefyd yn ei le, a'r unig beth sy'n aros yn awr yw gosod y geiryn 'yn' o'i flaen i ffurfio cynganeddiad cyfrin o ffres, ac yn ogystal gorffen ffurfio cwpled dechreuol foddhaus o weddus:

Yn y gwaed mae fel 'tai gair
Yn wiail o gyniwair.

Dyna'r math o ymson mewnol y bydd bardd yn ei gynnal ag ef ei hunan wrth greu cerdd. A pharhawn ninnau gyda'r un dechneg. Y peth nesaf yw ymhelaethu rhywfaint ar wefr ac arwyddocâd y 'gair' hollgreiddiol gychwynnol yn yr isymwybod, yr un a fu'n huno yn y düwch am gymaint o amser, ond cyn inni ymgolli mewn awenyddu o'r fath, nac anghofiwn am rai o brif egwyddorion y canu caeth yn y broses. Mae'n rhaid i'r hanfodion hynny gydrythmio'n isel gyda'r syniadau a'r geiriau fel rhan unwe organaidd o holl ddatblygiad y creu. Felly, wrth fynd rhagom gyda'r meddylwaith nesaf, cadwn mewn cof ofynion fel y rheidrwydd i ffurfio plethiad amrywiol nwyfus o wahanol fathau o gynganeddion yn nhwf y cwpledi (mae hyn i'w gofio gyda phob math o gywydd, wrth gwrs, ond yn ddwbwl bwysig gydag un sy'n ymdrin â miraglau niferus y gwanwyn), cynnwys berf rededig mewn rhai llinellau, goferu ambell gwpled i'r un olynol er mwyn sicrhau amrywiaeth cystrawennol, i nodi ychydig ohonynt ar y dechrau fel hyn. Yn awr, gallwn fentro ar y bwriad uchod gyda thipyn mwy o adnoddau ac egwyddorion barddonol o'n plaid:

Yn y gwaed mae fel 'tai gair
Yn wiail o gyniwair
O'r diwedd, ie rhyw dywyn
Yn ias twf o'r nosau tynn.
Gair y mêr fel y gweryd
A fu'n gwsg ei fin gyhyd,
Yr un a fu'n llechu'n llwyd
Yn arwyddair difreuddwyd
O'n golwg yn y galon,
Drwy bridd a thalgoed o'r bron.

Yn awr, taflwn olwg feirniadol dros y pennill cyntaf hwn, oblegid cofier mai asesiad onest galed y bardd ei hunan o'i waith yw'r feirniadaeth lenyddol fwyaf llesol a mwyaf gwir bob tro, yr un i ymddiried ynddi fwyaf bob amser. Gan hynny, darllenwn ef yn effro uchel i gael ymdeimlo â'i natur benbaladr; oes, mae iddo eithaf ysbryd, ac mae'n boddhau'n bur ffafriol at ei gilydd. Mae yna gysylltiad digon bywiog rhwng y cwpled cyntaf a'r ail, goferiad a drychfeddwl sy'n cyfleu'r braidd-gryndod o oleuad egwan sydd wrthi'n tarddu o lwydni'r dyfnder, a hynny mewn ffordd sy'n argyhoeddi. Ceir y dechneg o ailadrodd pwysleisiol, a hynny'n ddiarwybod bron o effeithiol, ar ddechrau'r bumed linell (y math o roddion a dderbynnir ar dro pan geir hwyl ar y creu); ceir berf rededig yng ngwead y gynghanedd yn y chweched linell, a cheir amrywiaeth pur iachus o'r pedair cynghanedd drwy'r pennill yn ei grynswth, goferiad pwrpasol eto tua'r diwedd i gyfleu meithder hunell y 'gair', ymadrodd cyfansawdd llawn mor ddiarwybod drachefn i awgrymu uchelder, yn ogystal â dyfnder, y cwsg holl-bresennol, a'r odlau i gyd yn cydgordio'n berthnasol â chorff y deunydd. Hynny yw, 'does yna ddim awgrym o air llanw ar gyfyl yr un ohonynt, ac yn olaf mae'r atalnodi'n rhan unglwm o anian y cyfan. Yn wir, rhwng popeth, dyma gyflwyniad pur addawol i'r cywydd arbrofol hwn.

Felly, wrth fynd yn ein blaen y mae yna bethau eraill sy'n hawlio'r sylw manylaf. Yn un peth, rhaid dal i fod ar wyliadwr-iaeth ynglŷn ag ansawdd yr ansoddeiriau a ddewiswn, hynny yw, dilyn y tac a ddefnyddiwyd gyda'r pedwar ansoddair yn y pennill uchod, pob un yn addas o wreiddiol yn ei gyd-destun: y disgrifair 'tynn' yn darlunio undonedd gafael yr hirnosau gaeafol, y gair 'gwsg' yn cyfleu hun bendympiol bywyd yn ystod y misoedd oer, 'llwyd' yn cyfleu awyrgylch ddigymell yr heth a'r ansoddair 'difreuddwyd' yn yr un modd yn cyfleu hirbellter adeg egino. Hefyd, mae'n rhaid cofio am werth troadau ymadrodd mewn cerdd, nid er mwyn eu gorfodi-wthio i blith ei chynnwys o gwbwl, ond caniatáu iddynt ymffurfio'n fwriadus ynddi pan fo amgylchiadau'n galw am hynny. Ac uwchlaw popeth, dilyn yr egwyddor o gynildeb ymadroddi gydag ymlyniad greddfol. Mewn geiriau eraill, gollwng i fywyd mewnol y cywydd ei hunan, o fewn terfynau, awgrymu'r ffordd ymlaen, oherwydd y mae i'n gwel-edigaeth gychwynnol y potensial angenrheidiol ar gyfer gweith-redu felly. Gan hynny, rhoddwn ei chyfle iddi. Ust, beth yn union a sibryda ar hyn o bryd? Onid yw'n ein cyfarwyddo i fanylu rywfaint ar anianawd y twf cyfrin sy'n ymagor-gripian dros nerfau a llwyni, fel ei gilydd, wedi'r anogaeth gysefin, sef asio'i effaith ymledol ar deimladau dynol â thymer llystyfiant y maes, fel ei gilydd, datblygiad o'r thema ganolog:

I'n gwyddfod daw o'i guddfan
Drwy'r cylchfyd gwyw'n fyw o fân:
Ymystwyrian sidanwyrdd

Fel gwaddol adfywiol fyrdd,
A'r don yn cydgordio wau
Yn irfodd ar hyd nerfau
Dyn o'i sail, a choeden syn
Heb dyfiant, bob edefyn.

Byrdrem yn ôl drachefn ar y tirlun diwethaf. Mae'r ansodd-eiriau eto'n gyfaddas i'r diben o greu awyrgylch dyfodiad yr ysbryd newydd i grinder yr hen, y gymhariaeth ohono fel 'gwaddol' o adfywiad a'r trosiad o'i 'don yn cydgordio'r' deffroad mewn dyn a byd natur yn cynorthwyo yn y broses, a'r amrywiaeth rhythm rhwng y traethu cypledol a'r goferol, fel yn y pennill cyntaf, yn taro'n gytbwys grai ar feddwl a chlyw.

Ac wrth symud rhagom, mae'n rhaid cofio eto fod yna lawer o gerddi cynganeddol am ddyfodiad y gwanwyn eisoes mewn bodolaeth, ac o'r herwydd, rhaid yw fforio'n fwy mentrus o greadigol eto i ganfod ein deunydd, os am osgoi ein llithio, ar ein gwaethaf bron, gan yr ystrydebol. Un o'r dulliau y medrwn ei ddefnyddio ar gyfer y dasg yw cyflwyno elfen o gyfoesedd i gynnwys y canu, ac yn wir y mae holl dymer y cywydd, ynghyd ag amser presennol ei fynegiant, fel pe'n gofyn am dac o'r fath. Felly, yn y cyswllt hwn, eithaf syniad fyddai cyflwyno'r ffaith fod ffenomen y gwanwyno'n cyffwrdd â dyn yr un mor ddwfn drydanol heddiw, er gwaethaf cysuron ei lwyth o dechnoleg i'w gadw'n gyffyrddus yn ystod y gaeaf, ag y gwnâi drwy'r canrif-oedd pan nad oedd ganddo esmwythyd o'r fath. Onid darlun o'r math yna o gyfoesedd cynhenid sydd ei angen arnom?

Ym moeth ein cyfnod modern
Hyd yn oed mae i goed gwern
Eu cysur mewn blaguryn
Dail sy'n dal i swyno dyn
Yn gryf, o'i esgor hefyd
Eilwaith mae'n helaeth ym myd

Technoleg drwy swel egin
I ysgryd yr ysbryd rin.

Yn ôl pob synhwyriad y mae'r drychfeddwl yn un cymwys: parodd gyfuno, fel rhan naturiol o'i destun, y gwrthdaro gwaelodol sydd rhwng gwerthoedd yr ysbryd, yn fwy bellach erbyn hyn gyda llaw nag ar unrhyw adeg arall mewn hanes, a goratyniadau byd materol dyn. Ac yn y fargen, drwy gyfrwng llifiant cystrawennol giwt y brawddegu, ynghyd â thymer y gair benthyg 'swel', datgan fod hen hen bwerau natur yn para'n ddyfnach o gyfoes eu sylwedd a'u hatyniad na soffistigeiddrwydd sgleiniog y dechnoleg ddiweddaraf i gyd, geiriad sydd â grym cyferbyniol yn rhan ohono hefyd. Ac yn ôl y dull hwn o synio am bethau, mae popeth yn ein hannog i ddilyn y llwybr yma am rywfaint eto, un sy'n ein sisial-dywys, ac yn bur hyglyw rywsut yn ogystal, i ddwyn i gof hen arferiad ein cyndeidiau ar gyrhaeddiad y gwanwyn bob blwyddyn o adael eu hannedd aeaf, yr hendref, i fwrw gyda'u menni a'u gyrroedd am yr hafod, eu preswylfa yn ystod misoedd yr haf. Oni fyddai'n werth chweil delweddu ein hadfywiad ysbrydol cyfoes ar ddychweliad y gwanwyn yn nhermau mudo'r hil gynt tua'r amser yma o ddiflastod yr iseldir am oleuni'r bryniau, para i asio natur waelodol dyn ddoe â heddiw o dan symbyliad fel hyn? Rhown gynnig yn awgrymog gynnil arni:

Rhyw chwifiad ymddyrchafol –
Daeth y naws o'i daith yn ôl:
Rhyw afiaith cyrchu'r hafod
Ar hin bêr o hendre'n bod –
Yr esgyn sy'n llawn o sêl
I'r asur o'r iâ isel.

Ydyw, y mae llinellau o'r fath yn clymu'n syndod o effeithiol wrth y rhagddeunydd, ac at hynny y mae yna sain gymwys o hyderus i ffurf linellol y cwpled dechreuol, tinc o amrywiaeth mydryddol newydd y tro hwn yn cydrythmio'n addas unwaith yn rhagor â nwyfusrwydd y gweddill. Ac eto, erbyn ailystyried, y mae modd gwella ar ryw dair agwedd ar y pennill er hynny. Nid yw holl gynnwys yr ail linell, synio am naws y dyrchafiad ysbryd sydd ger bron o ganlyniad i ddychweliad y gwanwyn o'i daith o bellafion daear, yn rhyw ieuo'n ddarluniadol iawn â sicrwydd llawenydd ei chymheiriaid; mae'n siŵr fod angen doleniad mwy unwedd ag afiaith y cyd-destun ffigurol yma. Yn ail, nid yw rhan gyntaf y bedwaredd linell, 'ar hin bêr', eto'n bodloni, gan nad yw hithau eto'n cydio'n ddigon nawsaidd glòs wrth yr awgrymusedd cylchynol, yn ogystal â bod ynddi dinc goramlwg o'r hyn sy'n hen wybyddus yn barod, sef y rhin a ddeillia o'r newid tywydd sy'n sylfaenol i'r holl gyfansoddiad; dylem uno hon drachefn yn nes wrth sylwedd ei chydbatrwm. Ac wedyn, nid yw'r gair 'iâ' yn rhan olaf y llinell derfynol yn swnio'n foddhaol chwaith. Oni fyddai 'rhew' yn gweddu'n well yn yr union fan yma? Wrth gwrs, yr un ystyr sydd i'r ddau air, ond yn ei gyd-destun y mae i'r ail fwy o awgrymusedd sŵn, sef bod y clymiad 'rh' ynddo'n ffurfio cryfach cyferbyniad rhyngddo a hawddgarwch ystyr y gair 'asur'. Efallai fod yma awgrym o fod yn orffyslyd ynglŷn â'r newidiad arbennig yma, ac yn wir y ddau arall hefyd mwy na thebyg, ond wedyn y mae bod yn gybyddlyd o fanwl ynghylch y cymal lleiaf un mewn cerdd wrth ei llunio yn talu'n rhyfeddol o hael ar derfyn eithaf y llafurwaith. Ac mae tipyn o'r blas hwnnw i'w brofi eisoes ar yr uned fechan a gabolwyd:

> Rhyw chwifiad ymddyrchafol –
> *Mae'r naws digymar yn ôl*:
> Rhyw afiaith cyrchu'r hafod
> *O'n rhan bŵl yn* hendre'n bod –
> Yr esgyn sy'n llawn o sêl
> I'r asur o'r *rhew* isel.

Y cam nesaf fydd cymathu'r hafod arbennig yma, sef cyfeirio'n gryno at elfennau'r haf-wanwyn yn eu gogoniant rhag ymgolli'n rhy drofaus, yn yr agwedd hon, â ffiguraeth y cywydd yn gyffredinol:

> Mae sain a maes yn ymwáu
> Yn iraidd i'r synhwyrau –
> Miri'r rhain ym more'u hynt
> Yn hoeni'r pump ohonynt,
> Bywyd sy'n trydanu dyn
> Yn nef Fai at ei fywyn
> Â rhan o rin rhyw hen raid,
> Â'r ddawn sy'n cyffwrdd enaid.

Bellach, rydym yn tynnu at y terfyn, a chan fod yna flas o elfen symbolaidd i gymeriad y cywydd hwn ar ei hyd, blaguriad y gwanwyn megis rhyw arwyddlun parhaol o esgyniad ysbryd dyn, fe orffennwn ar yr un cywair. Ond, yn ychwanegol at hyn, eithaf syniad fyddai trosgynnu'r teip hwnnw o ffigura gydag un dyfnach, eithr cysylltiol, ei sylwedd fel diweddglo: meddylfryd megis delweddu ffenomen gyfan y gwanwyn fel symbol, yn y bôn, o reddf gwreiddiau diwywiant baradocsaidd bywyd ei hunan, a chyflwyno hynny mewn modd cypledol gadarn, bron i gyd, i gyfleu grym sicrwydd yr holl haeriad:

> Ie, rhan o fywyd a'i reddf
> Yw'r gwanwyn flagur-gynneddf,
> Er mai byr ei asur ef
> Yn ei odre'n ddihydref,
> Yn y bôn tarddiad o'r byw
> Diedwi o hyd ydyw:
> Ar ei wyneb mae'n crino,
> Yn y gwraidd un gwyrdd yw o!

Yn awr, gyda'r cyfansoddi ar ben, y mae'n rhaid adolygu'r gwaith. Mae'n wir inni gaboli fesul pennill fel yr aem yn ein blaenau, ond bellach y mae'n rhaid cyflawni hynny drwy araf ddarllen y cywydd yn uchel ar ei hyd, y tro hwn mewn modd llym o feirniadol, fel ag i finiog ymdeimlo â phob cil ohono, rhywbeth tebyg i osod cerdd a orffennwyd mewn drôr am beth amser cyn ei thynnu oddi yno i weld sut y swniai ac y darllenai ar ôl ei rhoi o'r neilltu am ysbaid. Wrth ddilyn arfer tebyg i hyn yn y fan yma'n awr, o bennill i bennill yn ein pwysau megis, synhwyrwn fod modd gloywi fymryn ar ran olaf y drydedd linell yn agoriad y cywydd:

> Yn y gwaed mae fel 'tai gair
> Yn wiail o gyniwair
> O'r diwedd, *ie, rhyw dywyn*
> Yn ias twf o'r nosau tynn.

Gwelliant sicr fyddai cyfnewid yr 'ie' am y gair 'oes', gan y byddai hynny'n rhoi mwy o ymdeimlad o'r digamsyniol ynglŷn â phresenoldeb gogleisiol y cyniwair yn y gwaed:

> Yn y gwaed mae fel 'tai gair
> Yn wiail o gyniwair
> O'r diwedd, *oes rhyw dywyn*
> Yn ias twf o'r nosau tynn.

Yna beth am ran gyntaf ail linell yr ail bennill?

> I'n gwyddfod daw o'i guddfan
> *Drwy'r cylchfyd* gwyw'n fyw o fân . . .

Mae siŵr o fod dipyn i'w ennill drwy ddileu sillgoll y fannod ar ôl yr arddodiad o flaen y gair cyfansawdd. Byddai'r treiglad a ddeilliai ynddo o hynny'n cyfleu natur wag y gwywdra amgylchynol yn fwy amhersonol lom o realistig, ynghyd ag asio'r stad honno'n fwy cydnaws â chyffelyb dymer yr ansoddair 'gwyw' a'i holyna:

I'n gwyddfod daw o'i guddfan
Drwy gylchfyd gwyw'n fyw o fân . . .

Ac oes, mae modd gwella'r atalnodi ar ddiwedd llinell gyntaf a dechreuad ail linell y trydydd pennill:

Ym moeth ein cyfnod modern
Hyd yn oed mae i goed gwern
Eu cysur mewn blaguryn . . .

Yn y fan yma, byddai gosod coma ar ôl y brifodl 'modern' a'r gair 'oed' yn ynysu'r ymadrodd 'hyd yn oed' yn rhediad y frawddeg, yn rhoi ystyr sangiadol iddo, ac o ganlyniad yn pwysleisio'r ffaith fwyfwy fod cynhesiad cyntefig y gwanwyn yn ddyfnfawr o dderbyniol er gwaethaf ein holl offer technolegol yn erbyn oerfel hinsawdd:

Ym moeth ein cyfnod modern,
Hyd yn oed, mae i goed gwern
Eu cysur mewn blaguryn . . .

Ac yn olaf, y mae rhan gychwynnol y drydedd linell o waelod y pumed pennill yn gofyn am ei newid. Nid yw'r ymadrodd 'yn nef Fai' yn swnio'n weddus o gwbwl o fewn natur synhwyrus ei gyddestun:

. . . Bywyd sy'n trydanu dyn
Yn nef Fai at ei fywyn . . .

Yr oedd ychwanegu'r gair 'nef' o flaen enw'r mis arbennig yma'n ormodiaith anghymwys braidd mewn cywydd fel hwn, heblaw bod yn enghraifft hollol ddiangen o baentio'r lili, oblegid mae gan fis Mai ar ei ben ei hun hen ddigon o elfennau i wefreiddio dyn heb fod eisiau nefoli ronyn arno at gyflawni hynny. Mae angen symleiddio'r geiriad:

. . . Bywyd sy'n trydanu dyn
Yn Fai hyd at ei fywyn . . .

Mae'n wir mai manion gwasgaredig a oedd yn gofyn am eu safoni gennym, ond fel y nodwyd eisoes, mae'n hanfodol canfod y rheini, y gronynnau anwel bron hynny sy'n llechu'n fynych yn y conglau mwyaf llechwraidd, os am gwblhau'r cywydd hyd at ansawdd eithaf ein gallu, canys wedi'r cyfan, yn y bôn dyfnaf i'r fath osodiad, dyna'r radd uchaf o berffeithrwydd y gall unrhyw fardd neu lenor anelu ati, yn ogystal â'r gobaith o'i chyrraedd fyth. Yn wir, dyna lawn ystyr y gair 'perffeithrwydd' mewn cyswllt ag ansawdd barddoniaeth. Felly, bellach, o fewn gorau ein cyraedd-iadau ni y mae'r cyfansoddiad yn barod i'w ddangos yn ei ffurf derfynol:

Y GWANWYN CYFOES

Yn y gwaed mae fel 'tai gair
Yn wiail o gyniwair
O'r diwedd, oes rhyw dywyn
Yn ias twf o'r nosau tynn.
Gair y mêr fel y gweryd
A fu'n gwsg ei fin gyhyd,
Yr un a fu'n llechu'n llwyd
Yn arwyddair difreuddwyd
O'n golwg yn y galon,
Drwy bridd a thalgoed o'r bron.

I'n gwyddfod daw o'i guddfan
Drwy gylchfyd gwyw'n fyw o fân
Ymystwyrian sidanwyrdd
Fel gwaddol adfywiol fyrdd,
A'r don yn cydgordio wau
Yn irfodd ar hyd nerfau
Dyn o'i sail, a choeden syn
Heb dyfiant, bob edefyn.

Ym moeth ein cyfnod modern,
Hyd yn oed, mae i goed gwern
Eu cysur mewn blaguryn,
Dail sy'n dal i swyno dyn
Yn gryf, o'i esgor hefyd
Eilwaith mae'n helaeth ym myd
Technoleg drwy swel egin
I ysgryd yr ysbryd rin.

Rhyw chwifiad ymddyrchafol –
Mae'r naws ddigymar yn ôl:
Rhyw afiaith cyrchu'r hafod
O'n rhan bŵl yn hendre'n bod –
Yr esgyn sy'n llawn o sêl
I'r asur o'r rhew isel.

Mae sain a maes yn ymwáu
Yn iraidd i'r synhwyrau,
Miri'r rhain ym more'u hynt
Yn hoeni'r pump ohonynt,
Bywyd sy'n trydanu dyn
Yn Fai hyd at ei fywyn
Â rhan o rin rhyw hen raid,
Â'r ddawn sy'n cyffwrdd enaid.

Ie, rhan o fywyd a'i reddf
Yw'r gwanwyn flagur-gynneddf,
Er mai byr ei asur ef
Yn ei odre'n ddihydref,
Yn y bôn tarddiad o'r byw
Diedwi o hyd ydyw:
Ar ei wyneb mae'n crino,
Yn y gwraidd un gwyrdd yw o!

Fel y cesglir erbyn hyn, y mae safon gyffredinol y cywydd yma yn ei gyfanrwydd yn deillio o'i ddwy brif sylfaen, dwy y mae'r arweddau eraill i gyd yn tyfu ohonynt. Yn gyntaf, ei fater: mae iddo ymdriniaeth bur gyfoes o ffres â thestun oesol ei anian, y math o thema a'n llywiodd drwy gyfrwng cyfuniadau o naturioldeb dweud a delweddu ffigurol. Ac yn ail, ei ffurf: mae iddo dipyn o unoliaeth strwythur, sy'n elfen hanfodol. Rhwng popeth, yn ei ddull a'i gymeriad ei hun, y mae'n cadw'n bur ffyddlon at egwyddorion sylfaenol y Cywydd o'i ddechreuad pell. Ac mae'r fath nodwedd yn un hollbwysig i'w chofio: os am lunio barddoniaeth gaeth o unrhyw werth y mae'n llwyr angenrheidiol ieuo cyfoesedd cynnwys wrth egwyddorion traddodiad, gan mai dyna fu ei gofynion mwyaf gwaelodol erioed, ac fel y dywedwyd ar y dechrau, yr unig ffordd i osgoi'r symol wrth greu barddoniaeth yw trwy anelu at y rhagorol, a hynny'n wastadol nid trwy rym ond trwy reddf!